U0092692

陳攖寧　著
蒲團子　編

陳攖寧文集・七

洞天秘典
了易先資
琴火重光

心一堂

書名：陳攖寧文集　七　洞天秘典、了易先資、琴火重光
作者：陳攖寧
編者：蒲團子
責任編輯：陳劍聰
出版：心一堂有限公司
通訊地址：香港九龍旺角彌敦道610號荷李活商業中心十八樓05-06室
深港讀者服務中心：深圳市羅湖區立新路六號羅湖商業大廈負一層008室
電話號碼：(852)90277110
網址：publish.sunyata.cc
電郵：sunyatabook@gmail.com
網店：http://book.sunyata.cc
淘寶店地址：https://shop210782774.taobao.com
微店地址：https://weidian.com/s/1212826297
臉書：https://www.facebook.com/sunyatabook
讀者論壇：http://bbs.sunyata.cc
版次：二〇二〇年九月初版
平裝
定價：港　幣　二百五十八元正
人民幣　一百八十元正
新臺幣　九百九十八元正
國際書號：ISBN 978-988-8583-47-8

香港發行：香港聯合書刊物流有限公司
地址：香港新界大埔汀麗路三十六號中華商務印刷大廈三樓
電話號碼：(852)2150-2100
傳真號碼：(852)2407-3062
電郵：info@suplogistics.com.hk

臺灣發行：秀威資訊科技股份有限公司
地址：臺灣臺北市內湖區瑞光路七十六巷六十五號一樓
電話號碼：+886-2-2796-3638
傳真號碼：+886-2-2796-1377
網絡書店：www.bodbooks.com.tw
臺灣秀威書店讀者服務中心
地址：臺灣臺北市中山區松江路二〇九號一樓
電話號碼：+886-2-2518-0207
傳真號碼：+886-2-2518-0778
網絡書店：www.govbooks.com.tw

中國大陸發行　零售：深圳心一堂文化傳播有限公司
地址：深圳羅湖區立新路六號羅湖商業大廈負一層008室
電話號碼：(86)0755-82224934

陳攖寧文集·七　目錄

外丹經典卷下

外丹經典卷

下

湘江道人復陽子曹洞清　註
陳攖寧　抄

洞天秘典

題記

從舊鈔本得來，又據黃邃之鈔本校對無訛，永爲第一善本。宜另抄一本爲妥，註另抄。

洞天秘典序

僕早歲讀易，至「窮理盡性，以致於命」「精氣爲物，遊魂爲變」等章，反覆翫索，則知人能修身，可以無死；至「西南得朋，乃與類行」「一陰一陽之謂道」等章，則知人欲無死，必須同類。是以薄功名而留心玄旨，搜閱丹經，將以順性命之理也。

壬午歲，幸遇至人指示長生久視之學，謂予必資貨財，方成仙業，否則抱道終身而已。因教以黃白之術，略而勿詳。復訪之有年，歷人亦衆，率皆妄誕，莫得精微。至戊戌夏五月，復遇金竅子李先生，談及玄旨，授以靈陽祖師洞天秘典詩章三卷，共六十四首。蒙垂慈憫，無所吝秘。章章句句，面命耳提。心領神會之餘，似撥雲霧而覩青天矣。厥後鍊試，誠如所教。始知公不我欺，乃敢冒慢露之罪，遵其遺訓，分章註解。篇篇節節，都明下手作用之妙，而鉛汞所以然之理，詩中未悉。予因及之，以見至粗之物，而寓至精之理。

夫黑鉛，坎體也，稟北方壬癸之水，含西兑之金，陰中有陽，戊土專之；硃砂，離體也，稟南方丙丁之火，隱甲乙之木，陽中有陰，己土值之。夫此金木混淆，水火交錯，其故何哉？蓋以乾南坤北，先天之定位也。後天太極一分，乾之金爻，奔入坤宮，破坤體而成坎卦。坎，水也，兑金藏於其中，謂之水中金，故黑鉛感得此氣，體具金水形質，而陰中有陽。坤之陰爻，走入乾宮，破乾體而爲離卦。離，火也，震木藏於其中，謂之火中木，故硃砂感得此氣，體具木火形質，而陽中有陰。若夫分陰分陽，則存乎其人矣。

金位西方，何以遷位寓於坎？蓋以金之盛在兑，兑不能久含其金，故生水而寄位於坎宮。又不能久居於後天之坎，以時發現而居西位，含虛無真一之氣，爲先天至寶。惟至人知此金身神化之妙，能主行丹道，俾金火交鍊，催火促水，鉛枯金現，然後定火行符，取此水中之金，接制硃砂，是爲剋離中之木，實離中之虛，變汞木之青，爲兑金之白，點化銅鐵，以成至寶。夫如是又何理也？蓋以鉛體屬坎，金水寓焉，謂之母子同垣；砂體屬離，木火居焉，謂之父女同宮。以砂鉛共鍊，是以鉛之金母配砂之木父，鉛之水子配砂之火女，金剋木而木戀金，流戊就己，相爲有情。五行攢簇，四象會合，丹砂結矣。

黄白之理，如此玄微，非格物窮理之至，莫能窺其萬一。而妄言妄作，亦獨何哉？予潛心於兹，非圖富貴，將欲借之以購藥物，而爲進道之階梯。況内外金丹，其理一同，中藏真趣，故戀戀於此，形諸紙筆，勉强註釋，味道腴也。開後來學者，豈有直遊於藝焉已哉？同志之士，如獲此書，以爲助道可也，否則不祥莫大焉。

成化戊戌年冬十月上浣日淮陰安陽青畦道人葉士盛識

洞天秘典上卷

計七言律詩二十二首。　湘江道人復陽子曹洞清　註

其一　言人身易失，當苦志希仙。

暑往寒來春復秋，霜華忽點少年頭。秦宮漢闕今何在，猛士謀臣盡已休。默想此身如夢電，何勞苦志覔封侯。不如學取長生術，石爛松枯出世遊。

其二　言乏丹材，應鍊九鼎。

欲學長生正乏囊，可憐無路到仙鄉。因求黃白爲丹本，非慕金珠作富郎。負笈遨遊經幾處，苦志討論十三霜。一朝幸遇仙師教，恩重如山不敢忘。

註　靈於萬物，參天地而爲三才者，人也。天悠久而不息，地博厚而不磨，人既與之參，則當相爲終始。夫何七十古來稀、百歲者絕無聞焉？則是人勿肖乎天地，豈能並稱爲三才？故往聖有慊於心，冀壽與之同，自强不息，而登真者無算。衆人則狥名黷貨，而心勞形弊，不思秦宮漢闕，俱成瓦礫，武士謀臣，今何在哉？仙師有感於此，弔秦漢之宮闕，傷古往之英雄，懼夢幻之身，篤冲霄之志，奈缺乏丹材，難就

仙業，故尋鍊九鼎，以爲黃白之圖。非貪金珠之富，借登上乘之階。緣是四海遨遊，經年討論，亦苦心矣。一日有感至人，授以寶訣，試之有驗，不敢私秘玄旨，故作洞天秘典三卷，共詩六十四首，以象易卦之數。始開條例，中示捷徑，末出補遺，仁愛之心，昭然典册。拜誦之下，吾人何幸哉！嗚呼！今之鍊士，不識鉛汞之中，寓東三南二北一西四之理，真土之內，備五行四象之玄，而盲修瞎鍊。謂水中之金，有形質也，而採鉛黃之花，以暫鍊之；銀有真氣，而配硃砂共養，砂枯鉛死而靈液盡爲囂塵病枯鉛無靈液，視爲囂塵；制凡硫爲天硫，名曰「真土」，甚至以砒磠草木之類，伏養硃砂。終年累月，萬無一成，以至破家蕩產之苦。雖然，金液丹砂，乃上天俸祿，神仙廪給，蓋爲修真者設，向有德者傳。若夫饕貪富貴之徒，德薄行虧之輩，豈能聞其梗概、徑造玄微也？終身不遇，無怪其然。是典也，誠入聖之階梯、超凡之徑路。得之者，寶愛珍藏，萬斛明珠不易，非人勿示。戒之慎之！

其二 言作丹用礦石爲真鉛。

誰知礦石是真鉛，識得真鉛即半仙。**陳攖寧頂批** 此礦石是銀礦，不是鉛礦。嚼試甘如黃蠟膩，看來色似紫泥鮮。中含金水難分辨，內隱陽華極妙玄。要得水乾金氣出，硃硫一味莫輕傳。硫，或作「砂」。

註　夫礦石得天地之靈氣，感日月之精華，毓秀含英，歷千萬年而結者也。嚼如蠟膩，而甘美馨香；色類紫泥，而鮮明潤澤。內隱金虎之氣，形似玉龍之涎。燒試則煙起微黃，收久則質隨枯槁。中含金水，務須制去陰精；伏以硃硫，始足稱爲乾體父。**陳攖寧頂批**　「硃硫」或作「砂疏」。沂嵩爲最，餘處弗堪。如要鉛真，須加辨認，必得如斯山澤，就中方有先天。匠手修丹，須當用此。假如難得，鍊母爲奇。**陳攖寧頂批**　鍊母可以代銀礦。母是凡銀，九鍊九投外藥，成黃酥母。

其四　言造玉池有聖凡二種之妙。

玉池制度異尋常，堅硬經燒造作良。兩樣土曾經既末，一升泥入配柔剛。和時散散如沙塊，乾後錚錚似鐵鐺。試向紅爐居九日，中間燒出似金黃。

其五　言鉛鍊凡銀，功同銀礦。

鉛鍊凡銀作藥王，池中消息謹推詳。紅霞縹緲籠秋月，錦浪翻騰浴太陽。銀裏陰魔須戰退，鉛中黑魄令潛藏。若無採藥臨爐訣，百鍊千燒母不黃。

其六 言鉛鍊銀剛，以成金母。

玉池鍊出太清霞，一樹能開兩樣花。面似絳桃含絳日，心如金橘裹金砂。中懷真土精華足，內蘊先天氣味佳。若是九陽功不到，却從何地造丹砂。

註 欲煎銀母，須假硬池。**陳攖寧頂批** 此即常用之烊銀罐子。 若不堅剛，難經煆鍊。土性當分鬆緊，配用剛柔，火功煆鍊愈堅，全無滲漏，方可聽用。此是塵凡土釜。更有太乙仙池。土釜煎鉛，制成紫粉；仙池鍊母，用造真鉛。必得如此之池，方遂修丹之志。火煎金水，似秋月籠罩紅霞；池沸銀鉛，如太陽翻騰錦浪。鉛中癸水，憑晥火以燒乾；銀裏陰魔，仗鉛金而戰退。如此則銀奪鉛中之陽氣，鉛尅母內之陰精。銀中陽滿，則陰氣自消；鉛內陰絕，而陽華自現。陽華現，蓋爲煎多；陰氣消，殆因鍊久。鍊久則中黃，似金橘而裹金砂；煎多則面赤，如絳桃而含絳日。如是則鉛始枯而乃靈，銀方剛而不弱。中含真土，內蘊先天，所謂「鍊取水中之金，煆去金中之水」也。其理如此，作用何如？大略黑鉛八兩，凡銀半斤，入池共鍊，金水平分。要得鉛枯，煎經一日；欲將池換，須待三朝。一日投一次之鉛，添新換舊；九池鍊九陽之母，氣足神全。至此體變仙銀，功同礦石。除此之外，以制土爲先。若不如斯，則造丹無地矣。慎之！

其七　言硃硫金鉛相制成粉，爲先天寶匱。

世間鍊士應無限，誰識鉛枯建大功。內隱先天烹始出，中潛癸水鍊方窮。久沾銀液含靈氣，解與硃砂作守宮。若不配硫陰不絕，便教養汞總成空。

註　鉛入池煎，已如塵如粉；金從水出，必含癸含陰。若不盡絕袪除，猶恐遺爲後患，故鉛從硫制陳攖寧頂批　此「硫」恐是硫黃，然按第十首詩註所云，又不是硫黃，乃是硃砂鍊出來的，則潤澤爲之乾枯；硫用鉛養，則猖狂爲之馴伏。法用硫硃八兩，金鉛半斤，共爲細末，均分四鼎，入爐温養。火至三旬，再入混元池中，坎離交鍊。煅至庚方月上，彼此懷真，鉛土硫之形如紫金之粉。至此兑金清肅，癸水潛消，又封入金母之池，是以採取銀鉛之氣。開看形如赤壁，遥觀勝似真金。功成用造仙池，以之伏砂，能降乖劣，擒制猖狂。雖是鉛汞渣滓，實乃金丹根蒂，故譬守宮，是爲龍虎真精。金砂粉土，實稱乾父，內隱先天，作硃砂之洞房，勝人間鳳幃鴛枕；配鉛汞爲夫婦，類陽臺暮雨朝雲。若不從此媾精，硃砂必然無孕；欲求砂生靈嗣，須令金木交併。似此玄微，於茲殫露。

其八 言造天硫。一名黃硫，一名己土。

天硫雖是硃砂造，就裏玄機達者稀。煮用草清降燥性，鍊須桑粉退緋衣。**陳攖寧頂批** 桑粉，霜粉。火從鼎底微微發，汞即騰騰往上飛。取出必須求戊配，更教入釜鍊清輝。

其九 言鉛土制天硫以成真土。

硃衣脱却即天硫，性烈猖狂勝九牛。須令粉鉛先制伏，更教金母再温柔。龍鱗片片紫金甲，鳳羽班班錦柘榴。養到三旬功始足，無邊金穀此中收。

其十 言造真土。

誰人識得土中靈，鉛汞精神共結成。己本屬離原有質，戊藏於坎却多情。相爲媒妁恩初重，結就刀圭氣始盈。轉轉積來成博厚，向兹栽種決長生。

註 既得真鉛，當求真土。土從硫制，不外硃砂。砂用霜填，須焚桑木。漫漫火從下發，騰騰汞即上升。砂退緋衣，硫居鼎底，猖狂性烈，勝似九牛。**陳攖寧頂批** 大概是將硃砂中之汞昇上鼎蓋，餘在鼎底者，即名爲硫也。配以金鉛，伏養一月，則硫內方無頑髓。入池更鍊金霜，庶使太陽真氣堅凝，金鼎天晼靈驗，片片如龍鱗紫赤，班班若鳳羽鮮明，戊己情孚，刀圭藥結，如此方爲真土，乃號「靈田」，種養丹砂，坐取金穀。始雖狂悖，到此馴良。然真土必須博厚，始克承載。土若積而不厚，則不能通靈變化矣。金蓮朵朵，自此開葩；玉笋森森，從玆解籜。要知晼分靈拙，土有聖凡。此理不明，全功雖望，更有未盡之玄機。請觀向後之詩篇。

十一　言造鉛精汞髓。

鉛汞兩般爲藥物，若無戊己必然差。鉛精乃是沂嵩礦，汞髓須求湖廣砂。二物合來裝入鼎，三家相見結成芽。先文後武香一炷，取出名爲日月華。

十二　言將鉛精汞髓，加入土中，補助真氣。

鉛精汞髓先天氣，加入晼中秘莫傳。媒合五行全藉此，神交二物彼爲先。礦無聖母方堪代，母弱天晼決不玄。因念丹家渾未識，故違玄憲每惓惓。

陳攖寧頂批　客曰：「有將鍊出清真紫金晼爲第一藥，何又將黃母八兩、生母半斤，二物入封磁鼎，水火昇出清藥，加入晼中，何也？」師曰：「鉛精汞髓，實爲金火二物也。不入内，終不通靈，前功盡棄。亦爲黃婆，亦爲補炁，亦爲明進金火，亦爲提粉金火也。」

註　夫鉛精汞髓，乃不盡之玄妙；壯晥助土，結砂汞之仙胎。欲造玄微，當知修鍊。用水火磁竈一副，中間安置灰池。要得堅凝，用鉛沸過。銀礦八兩，硃砂半斤，二物共研，入鼎封固，後武先文，香一炷，先天一氣方升，開鼎視之，鮮明可愛。五行賴此媒合，名爲日月精華。銀礦難求，金母堪代。丹家若無此藥，砂汞豈得成銀？此訣神仙不傳，得者匪人勿示。

十二　言九轉丹砂名號。

汞傳金氣號真鉛，起手工夫不易參。二轉神稀生白雪，四轉黃䓾孕金蠶。玉漿玉樹難思議，瓊笋瓊林莫過貪。會得此中真妙訣，五雲深處試鸞驂。

註　汞傳金氣，名爲初轉真鉛。火發神稀，乃是再轉名色。三叠始烹白雪，四代乃長黃芽，金蠶立五子之根基，玉笋造六轉之玄妙，七宗玉樹，八代瓊林。欲知夫九轉玉漿，實始於華池金水。如斯宗派，切莫差訛。果得真傳，立躋聖境。

十四 言大丹火候。

仙家火候不尋常，用水相資始是良。或下或高分既未，有呼有吸合陰陽。但調神處全憑綬，到脱胎時必用剛。更有九陽神火烈，燒紅赤壁訝周郎。

註 養鍊丹砂，全憑火候。難拘分兩，須識柔剛，要知高下。注水翻騰，乃變化通神關鍵。養氣宜緩，脱胎用剛。若夫烹鍊玉池，不怕燒紅赤壁，此其大略。更有玄微，却**陳攖寧頂批**「却」或作「知」退三熱而加七零**陳攖寧頂批**「七」字下「零」字，疑是「寒」字，以四爲則而六爲準。欲教鼎驗，要在灰靈。安置中心，勿倚四壁。先行胎息，燒鼎器須以紫色爲期；後可定神，下三方必以百刻爲度。此是一陽文火，號爲「初九潛龍」。熱則退而寒則加，但以意爲消息；退離鼎而加簇火，用活法爲之。四六呼吸之玄，加七加三之妙，雖憑師指，事在人爲。定息，定鼻内呼吸之息；定神，定鼎中藥物之神。待滿三朝，方行武候。如此火符三等，乃是温養之規模。鍊母脱胎，更有威嚴之法度。丹家鍊士，分別行持。

夫火候在人活法，其灰有靈暗、鼎有厚薄、火有紅寒，只以分兩而調停，則失其傳矣。故曰：「不在分兩，而在息中調治。」其火有三樣：初則定胎，中則定氣，末則定神。定胎者，初下鼎入缸，只用頂火四兩，灰靈離鼎三指，灰暗以火就鼎，卯酉抽舊換新，三日之後，使火氣上下通行。雖立定三方一頂，每方四兩，莫執定分兩，要在息中調理。蓋一呼吸爲一息，每用香一炷試看。如寅時下火，過午時扒開灰，以香掇鼎頭，行六息中〔陳攖寧註〕一候，起看香頭，明黃色爲正，如黑色爲極。香頭有煙者，則火太過。疾抽退火，離鼎遠些。如此養至二七日，行四息火候，看香頭黃色爲正，黑色爲極。養至四五七，再行四息火候，香頭黑色爲正，黃色太小。小則加之，加而簇其火。養至六七，香頭有煙起爲正。至四十九日足，時時守之。末行定神之火。神者，靈也。則用排插火，養一伏時。

又養火法。做玉釜同前鼎入灰缸，三方一頂，火重八兩，離鼎四指。過七日，用火十二兩，離鼎三指。過十日，翻鼎底面上先下火，一二日之內，可將鼎邊灰剔開，以綿紙挹住鼎上。待少頃，其紙若焦色。此爲火候太過，可下火遠些。若只微黃色，此爲得中，火候正好。若無黃痕色，此爲火候不及，不能融養內砂。大抵砂汞銀鉛，全藉火之熱氣以融之也。

一云：「晝則緊閉門户，以察其顏色；夜則深藏燈燄，以別其寒温。鼎黑色者，火太嫩也；鼎紅色者，火太老也。若青色，是中正之候。」

陳祖師云：「鉛精在體文和武，汞質純行任君烈。」

十五　言精選陽砂。

鍊丹須要選陽砂，若用陰砂事決差。鐵脚黃英爲下品，辰州勾漏是仙槎。紫凝牆壁精神爽，色似珊瑚氣象佳。求得此砂方下手，不然火燥損河車。

十六　言用汞烹砂。

先將砂入金鉛匱，二七將來入鼎烹。砂得汞烹名補氣，汞傳鉛氣號添精。外施土隔方炎燥，內把天羅束體成。文武不分先與後，慢騰騰地一齊行。**陳攖寧頂批**　可參看外金丹採鉛歌訣七十七頁。

註　既得金母，必選陽砂，送入粉土匱中，先感金鉛之氣，後投青龍鼎內，補添不足之神。砂入汞中，必然浮泛，須用天羅束縛，慢教陽火薰蒸。俾汞漸入砂中，氣足方堪配養。烹鍊制度，別有規模。用泥塑一盤，中留孔竅，三方圍靠，鼎置中間。烈燄不得上騰，即爲文候；慢火微從下發，乃號武符。文武齊行，是硃砂鍊陽氣之妙；陰陽交媾，乃水銀烹金精之玄。如此則氣足神全，陰消陽滿。若還火燥，必損河車。鍊士須知，謹當防禦。

十七 言神水沐浴。

陰陽鉛汞名神水，造作玄機在秘傳。若問陽烹當落後，須知陰鍊必居先。丹砂不浴終無藥，神水施爲豈離鉛。釜内懸胎相煮制，有誰識得此中玄。

註 誰識丹砂神水，乃爲月魄金漿。就裏玄機，不離鉛造。作爲妙用，要在心傳。到此若不陽烹，向前徒爲陰鍊。水非鉛造，難固砂形。砂必經烹，方爲真土。如此玄中消息，不言豈得而知？

十八 言超神。

陰符陽火即超神，猛鍊雄烹脱錦鱗。神若不超終欠骨，胎須脱却始成銀。欲尋陽火投鉛匱，要退陰符用巨燐。似此玄微誰會得，不逢有德莫輕論。

十九 言脱胎。

鍊士休誇會脱胎，此胎凝結最難開。不須解鎖開韁術，只用通天達地才。陽裏投陰真妙矣，死中求活果奇哉。要知此際真消息，試看村舂擣麥來。

註 丹砂養畢，須要超神。仍投粉土匱中，養七日而進陽火。後入水火鼎內，鍊一日以退陰符。進陽火，養足白虎之陽神；退陰符，抽出青龍之陰魄。陰魄出而頑汞盡絕，陽神足而骨肉堅凝。似此陽砂，真爲丹髓，投之於鼎，方可脱胎。陽內投陰，要用三男一女；死中用活，當防女盛男衰。青龍白虎交爭，實借丁公之力；鳳羽龍鱗齊脱，全資玉液之功。如欲識此玄微，請悟村舂擣麥。

二十 言精造神室。

神室須憑爐冶鑄，規模制度莫教差。圓如鳳卵休令窄，光似龍睛始足誇。個裏欲求生玉筍，中間先要貯金華。火行既濟君須記，後武先文妙莫加。

註 丹至五轉，不親磁銕，將胎銀鑄成神室，中虛三寸三分。形如太乙燈毬，龍睛燦燦；象似混元模樣，鳳卵圓圓。內貯金晥，中生玉筍。靈苗金蠶之藥，自此結成；紫粉金粟之丹，由茲產出。火行子午，九九方休，須當取出再養丹砂，後武先文而鍊其陽氣。養經三七，又進新汞。上水下火，而煅去陰精。汞進藥靈，結作玲瓏之玉樹。汞靈砂熟，當行初九之潛龍。配養鉛金，方登七轉。

廿一　言取真水真火。

八轉靈丹已結成，不須凡火與凡津。火生寶鏡金烏烈，水瀉方諸玉兔湮。沐浴紅蓮明杲日，薰蒸金莛燦星辰。助成四品長生藥，赤白青黃妙絕倫。

註　欲希服食神仙，豈用塵凡水火？修鍊飛昇大藥，必須烏兔神爐。火取於日中，金盆寶鏡；水求於月內，玉罐方諸。理氣相通，萬里一時而至；精神感召，千齡萬劫可期。要知方諸之名，實是水中之蚌。古詩云：「月明珠有淚，日煖玉生煙。」正謂此也。鍊金花而生玉莛，煅紅蓮而吐青英，燦若明星，光如杲日，五彩煥發，四品稀奇。火候八十一朝，日足方登九轉。

廿二　言作詩之由。

爲慮丹家道路迷，細將師指向詩題。務求母似紅綾餅，更要晥如紫色泥。母弱豈能生聖嗣，晥靈方可作丹基。遺詩寄語知音者，好把誠心次第推。

註　金丹條例，如是其詳，逐一發明，用功易得。仙師慈憫，不秘玄機，開方便之心，破愚蒙之蔽，務使母似紅綾餅、晥如紫色泥，俱要通靈，方堪配養。此乃仙師重言，開示意切，專誠學者，篤志推求，庶幾得其玄妙也。

補詠起首鍊藥要訣

此是鍊鉛取戊己真土訣。

真汞須教震位求，也憑離卦鍊丹頭。兌鉛法制能擒汞，坎位真金着意搜。坤艮二宮藏戊己，三家配合巽鄉修。神仙妙訣渾無別，全在陽池鍊赤虬。

洞天秘典中卷

計七言絕句三十首。

其一

言將鉛土養砂。

離宮仙姝配金郎，花燭輝煌入洞房。二七錦帷恩愛足，渴呑銀海沐瓊漿。

其二

言用汞養砂。

砂離鉛土感金精，和汞將來入鼎烹。補得就中神氣足，必須沐浴藥方成。

其三

言神水沐浴丹砂。

砂經陰鍊神雖足，又要陽烹氣始堅。神足氣堅方有藥，不將土固不通玄。

註 夫金母既成，鉛土亦備，選擇陽砂四斤，香水沐浴，二抱一配鉛土，鍊養二七，則砂感金鉛之氣。取出同汞入鼎，先溫養五日，然後以法烹之，取出，用神水懸胎沐浴，俾沾銀鉛氣以作根基，然後用真土和乳固形，養火三七，方爲玄妙。陳攖寧頂批「銀」，一本無「銀」字。

其四 言用真土固形，入粉土匱中再養。

先將土把砂身固，又要將砂種土中。待得化成乾健體，方同金母入南宮。

其五 言將砂取出，燒試無煙，方配金母。

硃砂取出絕纖塵，氣結銀胎尚嫩新。又要將砂燒試看，無煙方可見慈親。

其六 言金母養砂四十九日。

二八嬌兒氣已全，能行抱在母胸前。養成撞破煙樓勢，送入金堂見祖先。

其七 言砂離母入鉛土匱中進陽火一七。

青龍離鼎陽猶欠，送入西方伴虎眠。武鍊陽烹經七日，純陰抽盡始爲玄。

其八 言將砂退陰符一日。

龍離虎穴陽神足，只恐身中尚帶陰。水火鼎中烹一日，自然遊汞上升騰。

註　將前鉛精汞髓，投入真土匱中，使之固砂，得真氣以作骨肉。南宮火也。金堂祖先，西方虎穴，皆言金鉛粉土匱也。砂雖得土養成，氣尚新嫩，故又送入鉛土，鍊養七日，俾氣體充足，燒試無煙，方去見母。火自四兩至半斤，養至四十九日，故曰「抱在母胸前」。如子十六兩，用金母三十二兩，養成撞破煙樓之勢，即誇竈之意。火足胎剛，猶恐未盡玄妙，再加進陽火退陰符之訣，體變純陽無陰，異日方有點化之妙。今之鍊士，既無鉛金，又無真土，又不知匠手作用，無知妄爲，徑將銀養砂，以致形體之相侵，母折砂耗，欲希丹就，豈可得乎？更不知，鉛盜銀養，體始剛健而不虧；真土固砂，身方堅硬而不朽。銀盜鉛金之氣足，則陽還色赤而添魂；砂盜鉛金之氣足，則陰消色白而抽魄。至此硃砂方死。猶恐陽神不足，送入鉛土匱中，再進陽火以調黃鐘之律，退陰符以應蕤賓之候。取出熟砂四斤，內除二兩聽用，其餘六十二兩入鼎以法脱胎，取天疏而轉制也。

其九　言將砂入鼎脱胎。

胸中若無屠龍術，欲剝龍鱗萬萬難。悟得死中還用活，自然籜退見琅玕。

其十　言將汞銀天硫以鉛母乳養氣足方有變化。

汞離砂腹胎方脱，汞即靈兒衣即硫。硫弱汞柔難作用，復將鉛母養方優。

十一　言將汞銀聽用，天硫再制。

汞銀成寶復何憂，點化玄微次第求。從此得硫十二兩，務教制過伏生硫。

十二　言以硫伏硫。

鍊士紛紛海内遊，不知何物是丹頭。其中簡易無多語，只是將硫去伏硫。

註　莊子：「朱萍漫學屠龍之術於支離益，殫千金之產，三年技成，而無所用其巧。」夫砂號青龍，故以爲喻。喻鍊士胸中若無屠龍之術，實難剝青龍之鱗甲也。但有實死的砂十兩，加珠汞三兩，白硼四兩，水二鐘，煮死砂入鼎中脱胎，六時火候，取出如笋碎斑籜，脱而見琅玕也。若將天硫十二兩，打成小塊，置之温所聽用，其汞三斤，仍用真土伏養成寶，任用。從此得朱衣十二兩，制作靈硫。又以伏砂取硫，變化無窮，實爲最上一乘之鉛汞也。

十三　言制天𪊲之法。

欲要𪊲靈去制𪊲，金鉛金母復何求。鼎中兩月文兼武，取出將硼煮制優。

十四　言將前留下熟砂二兩同𪊲伏養以驗天𪊲。

熟砂留共天𪊲養，火足將伊去脱胎。若是胎銀煎得住，天𪊲功用始奇哉。

十五　言將天𪊲入爐封錬温養。

煎住胎銀𪊲已靈，又同金母入池烹。爐中半月文和武，一塊純陽紫土成。

註　用金母、粉土各二十四兩，仝前留下熟砂二兩，及天𪊲十二兩，入鼎共養火。自四兩至半斤，六十日取出，擇下金母、粉土聽用，銀砂二兩聽制。將天𪊲十二兩，用白硼二兩，銀硼四兩，水二鐘煮乾，入磁罐，陽錬六時，取出去硼聽用。却將銀砂二兩，用白硼一兩，水半鐘煮乾，入磁罐，照前脱胎，得天𪊲四錢，汞銀一兩六錢。内取一錢，用黑鉛一兩，煎試。若不差分釐，方爲氣足，天𪊲方可配合金母，以産真土。假如汞銀煎住八分，則天𪊲只有八分死矣。還錬金母乳哺，務要十分真死聽制。將天晥十二兩，用金母二斤，入土池封固，下爐十五日，首尾文火，中間武候，鍊成紫粉天晥，爲純陽真土，造化無窮，方爲實死。以立丹基，存之聽用。

自此以前，乃是凡土造池，鍊金母金鉛養砂，造天晥之工法；自此以後，乃用前鉛粉土，以法造池，鍊金母養砂，造天晥真土之工法。此際晥分靈拙，池有聖凡，不可不知。

十六　言造仙池鍊聖母法。

至此丹家事更奇，又將鉛土造仙池。鍊經九九純陽數，配養天晥立聖基。

註　用前鉛土，以法造池，如前鍊母，九老九少數盡，奪三千六百之正氣。其母出池，如紫磨金色。至此池靈母聖，與前凡池中之金母，大不相同矣。

十七　言將靈晥聖母制伏生晥。

陽砂鍊取天晥出，却把前晥伏此晥。伏後更教金母制，玉池封鍊到中秋。

十八 言天晲乾汞功效。

此晲錬得妙如神，金母名爲不壞身。試把一分將汞點，俱能乾得汞成銀。

註 先將陽砂錬取天晲八兩，同粉土一斤，入玉池封固，養二七日，取出配前聖母靈晲十二兩，養火一日陳攖寧頂批「日」，一本作「月」，取出，去靈晲聽用，方配金母一斤入玉池封固，入爐薰蒸十五日。首尾文火，中間武符，錬就紫粉純陽之真土，火足封爐，冷定，取出開看，池中紅黃金色，形如蓮蓝，號曰「真土」。掃下約重二錢四分，乃是真土，能乾汞二十四兩。其天晲八兩，色如紫金之粉，能乾汞八十兩。金母一錢，能乾汞十陳攖寧頂批「十」，或作「一」兩。四門共乾汞六百四十兩，名爲「金剛不壞身」。其三項汞銀，可作湧泉長生寶匱。乾汞後天晲金母還在，此乃一母雙生聖子，連母三才並用。如此奇異，其見者毛骨悚然矣。

十九 言將真土養砂脱胎，立初子之基。

天晲八兩名真土，配選陽砂重四斤。金母四斤相間隔，脱胎得汞號仙銀。

二十 言將仙銀鍊真鉛，方爲初子。

仙銀出鼎十分奇，還要用鉛入玉池。鍊出真鉛產真土，化爲金液大丹基。

註 擇陽砂四斤，每粒重一錢或八九分者，以香湯沐浴，用前真土八兩，乳貼砂身，同金母四斤，間隔，分作四罐養之。每方火二兩至半斤，四十九日足，冷定取出，擇去金母聽用。將砂身上真土掃下聽用。每砂一斤，用白硼二兩，銀硼四兩**陳攖寧頂批** 「四」，或作「二」，水二鐘，煮乾，照前入鼎分胎。每砂一斤，得汞銀十二兩成寶，號曰「仙銀」。用造真鉛，伏養聖硫，得天硫三兩。其熟砂四斤，共得天硫十二兩。配金母一斤，養火二十一日，取出，共金母加銀硼四兩，照前陰鍊六時，取出，母子分胎，母硼聽用。轉制至此，不號凡硫號聖硫也。將仙銀内取出一錢，入灰池煎至金花現時，取出還是一錢不折，方爲上也，乃可用之鍊造真鉛。若煎得八九分，則不堪用。還將天硫乳養，務要煎得一錢爲妙，聽用。黑鉛一兩，入灰池煎，看金花現時取出，或得一錢四五分，乃爲上等，方可鍊造真鉛。止煎九分，則不堪用。再將天硫金母乳養，務要煎一錢四五分爲妙。每用仙銀一斤，用黑鉛九斤，入灰池煎過，鉛盡金花現發，取出入玉池，下爐用鉛照前烹鍊，火足去鉛，急將前項十二兩天硫，封**陳攖寧頂批** 「封」，一作

「開」池取看，形如前陳攖寧頂批　「前」，一本「前」字下有「母」字。所謂「養得兒形似我形」，方號「真鉛」。與前母迥異，名曰「亞聖金母」。如明窗射日之塵，片片飛浮而去。鉛氣飛盡，只留一味乾水銀，化爲金液大丹基，故曰「砂退仙衣，體露真寶，鍊就純陽，歸還本竅」。大概先用凡土造玉池鍊母，次鍊枯鉛制粉土，粉土造仙池，仙池復鍊仙銀、作真鉛。真鉛養砂，砂死脱天硫，天硫造真土，真土復養砂，乃是「硫伏硫兮硫伏硫，硫擒砂死去其硫」。死砂分胎，一名「聖硫」，一名「真鉛」。前項真土，乃是凡鉛所造，此後方是真鉛產真土也。此一節汞死雖成亞聖金母，猶未盡其玄妙。若即以此養砂鑄神室，生熟相制，則失了節緒，亂了宗派，不合大道，前功盡廢矣。

二十一　言用真鉛配聖硫成土。

陳攖寧頂批　「成」，一作「戊」。

鍊得真鉛配聖硫，玉池封鍊到中秋。中間結就金蓮蕋，此是金丹第一籌。

二十二　言將玉蕋聖硫真鉛伏砂以立二轉神室之基。

聖硫玉蕋共真鉛，配養陽砂旨趣玄。七七火符形足後，聖硫乾汞又無邊。

二十三　言虛養丹砂發神稀之火以爲二轉。

養出陽砂足四斤，更教空養始通神。此爲砂發神稀火，二轉金丹妙絶倫。

註　將前聖晥八兩，同此真鉛半斤，入玉池封固，下爐十五日，鍊就虛無一炁陽丹，首尾文火，中間武候，所謂「文火烹煎陰魄，武候煅鍊陽神」。日足退火，冷定取看，池中金華滿面，結成蓮蕋，掃下約重二錢四分。玉蕋之下是聖晥，聖晥之下是真鉛，以立聖母之基，八石聞氣即死。若有制造，以立後嗣。此爲一轉。九轉只在一轉之功。

又曰　擇火砂四斤，香水沐浴，將金英玉蕋二錢四分，入聖晥八兩爲末沾於砂身，同真鉛養火。每方二兩至半斤，四十九日取出，將砂身上聖晥取下，另收乾汞接制任用。將熟砂四斤，分作四盒，復虛養四十九日，乃是砂發神稀之火。日足取看，其砂遍身生金毛，形如蓮蕋，爲二轉神稀之火。用烏金紙，鋪磁石器内，將靈藥掃下，約重六錢四分，明乾汞六十四兩，將汞銀烹成白雪，此所謂「汞結砂形，煅鍊可成玉蕋」。玉蕋，即白雪也。每白雪一分，點銅一兩，以數計之，六錢四分靈藥，共點銅六千四百兩。三轉丹砂，乃是二轉神稀靈藥，乾汞烹白雪，爲之根基。又將熟砂四斤，入鼎分胎，得赤疏十二兩八錢，乾汞一百二十八兩，烹成白雪，共點銅一萬二千八百兩。汞銀五十二兩，又乾汞五千二百兩，共點銅五十二萬兩。三轉丹砂，乃是二轉赤天疏乾汞烹白雪爲之根基。功夫到此，真所謂「疏伏疏兮疏伏疏，疏擒砂死去其疏；疏擒砂死砂乾汞，烹成白雪作丹頭」。

二十四

言將神稀丹砂烹白雪以爲三轉之基。

赤疏蓮蓝能乾汞，汞死平分作兩池。半月入爐水火鍊，烹成白雪十分奇。

註 神砂一體之性，三路分行，其玉蓝六錢四分，共赤疏十二兩八錢，共乾汞一百八十四兩，分作兩池，每池九十二兩，封固入爐，烹鍊以水火既濟。只三分之火進於子位，六銖之水加於離宫，是爲「地内尋天，水中覓火」。如此半月，首尾文火，中間武候，日足則汞身消而魂返，白雪自然盈爐而片片紛紛也。有口訣存焉。

二十五

言白雪養砂產黄芽以立四子之基。

一斤白雪四斤砂，文武爐中次第加。如此火符須一月，中間粒粒長黄芽。

註 白雪一斤，栽砂四斤，火行一月，中產黄芽。棄了白雪，虚養四七，身生金毛，形如蓮蕋，號曰「黃芽」。掃下收貯，如前虛養，乾汞點銅任用。將胎銀另鑄神室，入蓮蕋、金眈，配砂養火。如蓮蕋、金眈兩半，養砂一斤。火候足九九八十一日，取出，去了黃芽。黃芽，即金眈、蓮蕋也。收眈、蕋，乾汞任用。其熟砂，號曰「金鼉」，立五子之基。如得金鼉一斤，養砂二斤，火候三七，養就一氣陽丹。火足開爐，進汞一斤，上水下火，鍊退活汞陰精。火足三七，又進汞一斤，再養三七，則汞靈砂熟，結成森森玉笋。取出，棄了金鼉，另收其玉笋。立六子之基，更須聽其制伏，方造七轉也。

二十六 言將鉛金養玉笋等分以成六轉。

八兩青龍虎一斤，生擒地魄結天魂。汞砂到此俱皆返，不得仙傳個個昏。

二十七 言將六轉玉笋配鉛金進汞以成七轉。

丹砂七轉號陽精，若缺鉛金莫望成。沐浴抽添如法鍊，鼎中玉樹自然生。

註 七轉玉樹，一名「陽精」。鉛金乃是仙池中所產金母也。六子玉笋，必用鉛金制伏者，何也？丹至七轉，砂汞皆返，理勢之自然也。砂汞屬陰，六畫純陰之象，十月之卦也。鍊經一轉，爲一陽方生，初爻變而爲復，二轉爲臨，三轉爲泰，四轉爲大壯，五轉爲夬，六轉爲乾，時應四月，乃爲七返，勢當陰生，則純乾當變而爲姤也。於此無以處之，則大藥中廢，必也貞下起元，潛龍復起，再進一陽之火，乾返爲復，由臨至泰，以抵九還，方成大藥。其法則用白虎金脂十六兩，配青龍玉笋八兩，如法入釜安頓，上水下火，乃爲結陽華而凝結天魂，攝陰精而擒制地魄。火行八十一日，朝朝沐浴更新，日日隄防進退，玉笋森森養成玉樹，乃爲八轉之階梯，以經九還之妙用。

二十八 言玉樹配砂乃爲八轉。

玲瓏玉樹妙無加，烏兔爐中配養砂。真汞若無真火制，瓊林焉能轉陽華。

註 將七轉玉樹入烏兔爐中，五行攢簇，均平配養硃砂，上火下水，翻騰八十一日，養出八轉瓊林，或如紅蓮金菊，或如玉粉青英。紅蓮是硃砂吐霞，碧珠乃紫粉生金。藥出數般，乃真水真火之功。紅光射斗，至此服食可望。又要德重功高以消魔障，庶幾九轉可成也。

二十九 言八轉瓊林養結黍米金丹以成九轉。

靈藥四般爲上品，安於神室養虛無。結成數粒長生藥，跳出凡籠始丈夫。

三十 言制黍米金丹。

九轉長生丹結熟，重逢泰卦見三陽。應知墜井除煩毒，制度中間別有方。

註 丹至九轉，工夫實難。玉爐之中，進退火符，文薰武鍊，沐浴抽添，分度分候。養至三千日滿，奪十萬年火功，以準乾坤九六之策，不失陰陽頃刻之機，夫豈易言哉？其八轉瓊林，養出玉漿，化爲金液。黍米玄珠一粒，能乾汞十兩陳攖寧註 斤，點銅萬兩陳攖寧註 或作「十萬兩」成寶。然中含金火二毒爲害，要借天火以尅地金之毒，假地水以制天火之殃，試雞成鳳，人服成仙。若服食丹砂，另有藥物，制度不同，雞餐成鳳，蛇飲成龍，人服之者，白晝生羽翰，如旌陽、葛仙翁白日冲舉雲中，猶有雞鳴犬吠。此乃神丹大藥，非世人所知，與此逈別。所以服丹砂者，多中金火之毒，死者紛紛，彼皆未領玄旨，愚盲妄服，爲害不淺。哀哉哀哉！

洞天秘典下卷　計五言律詩十二首。

其一　言硃砂不可輕去見母。

硃汞陰精重，休教見母銀。必須先制伏，然後始精神。若不經真土，何堪入巨燐。陳這些消息子，誰肯向人陳。

攖寧頂批　「巨燐」不知何物，照文理觀之，恐是母銀。

註　萬物資土而生，捨土則無所憑藉，土若積而不厚則不能承載，承載不久則不能長養，長養不靈則不能變化也。既厚而久而靈，栽種砂汞，指日可成。若不經土中養過，徑去見母，則有侵盜飛走之患。鍊土不可不知也。

其二　言將各轉養過砂汞靈藥，再乳接砂汞。

一娘生九子，此理有誰知。養過砂雖弱，還經母伏奇。萬流同一派，獨幹發千枝。九轉功夫畢，任君四海馳。

註　夫大丹初轉，先用二八之氣，合後天之精，鍊死砂作真鉛，轉水銀爲真汞，烹死砂爲白雪，積黃芽匱靈苗，而爲真種子。造神室以養金蠶，砂汞轉制，一氣而行，直至九轉，是爲正宗。乃將各轉養過砂汞靈藥，再用金母粉土伏氣，各各配砂接汞，分頭養鍊，到底俱成大藥，皆能分鳌點化，故曰「黃金滿四海」也。譬之水木，一源而分萬派，一幹而發千枝，生化無窮，寧有止極哉！

其三 言三子能分數路點化。

三轉靈丹異，分行路更多。配砂成紫粉，進汞結金荷。膩粉虛虛白，玄霜片片皤。五金皆點化，真可塞黃河。

其四 言四子八石聞氣而死。

四轉藥尤精，分行各有名。點茆並縮貨，脱皂又鈎金。能制砒雄死，還教硇砠成。一言君即悟，不必細叮嚀。

註 夫大丹三轉，任意分行，或進汞而產金蓮，或接砂而成紫粉，或養虛無而吐膩粉，或匱玄霜而發靈芽，火足藥成，點五金成寶，黃河可塞也。丹至四轉，養砂則乾汞，養砒則點銅，養雄則脱皂，養雌則鈎金，蓋以假成真，化凡作聖，非丹藥通靈，何以臻此？

其五　言鉛汞相盜。

鉛汞相吞盜，不吞丹不成。硃砂抱母液，銀體奪金精。豈有侵凌意，無非眷戀情。若將凡母養，砂汞必然傾。

註　夫鉛汞相吞，母子相盜，乃精神命脈感召自然之理也。汞不盜母汞不死，砂不吞汞**陳攖寧頂批**「汞」，一作「鉛」砂不靈。汞雖盜母，非汞盜也；砂雖吞汞，非砂吞也。乃母戀子情，陰感陽華耳。故砂汞入火不走。若以不經久鍊之凡母，配不經鉛金伏養之生砂，以不經鉛金伏養之砂吞汞，徒爾費力，即見飛騰。**陳攖寧頂批**　母必久鍊，生砂必先經鉛金養過，方可吞汞，方可配母。　夫鉛金伏砂，初死名「真鉛」，脫胎名爲「真土」，及烹白雪而產黃芽，若非吞盜之妙，安能至此？　然砂雖盜母，得脫胎而即神化，皆有點化之功也，不可不知也。

其六　言各轉天晥，用法造池，聽於活汞。

誰會造天晥，制成田一坵。水銀朝若種，金穀暮隨收。歲歲無蝗旱，時時耕火牛。擔頭攜此去，四海任遨遊。

註　將各轉天晥，同金母等分，再鍊三日，令其氣脈交通，用法做成盒樣，底蓋俱全。朝若種汞，暮即成銀。攜此尋師訪友，四海遨遊，或招集仙朋，閉門修道，豈不樂哉？

其七 言留金母聽用。

丹爐誰作主，金母是根宗。善補嬰兒氣，能華哲嗣容。休教輕費却，留取要緘封。莫作囂塵看，將來伏震龍。

其八 言將金鉛祖匱伏七轉丹砂。

金鉛雖枯朽，且莫等閒看。氣味飽銀液，精華燦金蘭。善調震龍伏，能使離汞乾。若泥鉛情短，到底不成丹。

註 夫作丹之初，固用金鉛金母，丹至七轉返還，若無金鉛與母，將何賴焉？存之用補嬰兒之氣，以華哲嗣之容，豈可費盡？要將金母枯鉛，裝入罐內，封固，置於溫所，資其煖氣，聽用，將來駕馭六七轉之青龍，於是賴以爲祖宗，不可輕視爲囂塵也！且鉛無母鍊，終存陰質。要得鉛枯，必得母鍊。其質雖枯，氣飽銀液，體燦金蘭，善調震户之青龍，能伏離中之活汞，故七轉之中，不可闕此，豈可泥「鉛情短而汞情長」之語哉？

其九 言制造赤虬靈藥。

多少燒丹客，誰知鍊赤虬。金華雖易見，土氣最難收。要得元神住，忙將外藥投。這些消息子，還向個中求。

註 個中外藥，即天魂地魄也。**陳攖寧頂批** 天魂地魄，外金丹卷五採鉛歌訣頗有發明，可以參考。大約所謂外藥者，仍是硃砂同火硝昇出來的，與金匱藏書嫩神火相同。用乳調和，沾於藥上，重重金箔爲衣，每丸重三分。池內藥生，急投三丸，則神氣相投，鉛中兑金真土自然凝住。鍊至九池，純陽數足，真母面如紅桃，心如金橘，斯爲得氣。聖凡二池，若無此藥，安得懷胎而生靈嗣也？ 其藥丸成，先入鉛土匱中，養火半月，收温煖處聽用。

其十 言丹至七轉當擇地修鍊。

丹砂登七轉，切勿等閒求。內有神龍隱，當尋福地修。水朝山拱處，德重行高儔。相伴同修鍊，埋名莫出頭。

註 丹至七轉，則靈光射斗，紫氣冲霄，內有龍神司守，故地穢不堪修鍊，必尋名山洞府，同行高德重之士，隱跡修鍊，朝暮謹守。又寶鏡懸壇，太阿出匣，鑑照魑魅，不得潛偷，邪魔爲之遠遁，大藥斯有成功。

十一　言八轉火候。

八轉爐中火，安排不似前。起初壬冠首，然後丙居巔。靈氣翻騰轉，丹光上下旋。四般神藥出，一粒壽三千。

註　八轉爐中，瓊林變化，若非水火上下翻騰，青黃赤白四品之丹何由而成？但須廣修德行，相爲扶持，以消魔障。

十二　言作丹之由。

辛苦事丹鼎，原非爲富謀。因愁沉苦海，擬欲步瀛洲。藥鍊三千日，年增十萬秋。不須經九轉，同類實堪修。

註　此章仙師言人身易朽，恐沉苦海，因修九鼎，蓋望希仙，非爲富貴所謀也。鍊三千日，增億萬齡，豈尋常之事哉？奇異玄微，難以盡述。

仙師又言，不必造九轉之妙，但得點化，借以求同類有情之藥，採而服之，登真尤易也。夫有情之藥，與我同類，精神氣脈，相爲感通，產於西南華陽玄關爐內，上通阿羅慾色之界，下達岣嶁蟾蜍之宮。關内有三精九靈之神，門内有玄衣刺史，左右有絳服大仙、司命大神以副之，以掌三才變化； 關外有桃康、合延、黃裳、元吉之四神，以主性情，以行氣符，以合陰陽； 宮中有太白長庚之神，生白虎首經之淵源，以此有浮沉動靜。其神其氣，從虛無中來，渾融變化，發運陰陽，既濟水火，凝結丹珠，是爲藥物，生於月出庚之後。金花初綻，玉蕋初新，蕋吐青霜，花含珠露，得兹一滴，足延命基，頃刻結胎。十月温養，丹成道備，面壁九年，候天書宣召，白日飛昇。故此藥尤爲神仙之所珍，最不易得，須用世間之金珠以致之耳。嗚呼！修真之士，千山萬山而跋涉，一瓶一鉢以徬徨，抖擻衣衫，一物無有，安得金珠以購有情之藥哉？故須同有德，修鍊九鼎，冀得仙財，用市奇貨，以求大藥，而延厥生也。黃白所係之重如此，學者可敬而修之。若夫九轉之妙，黍米之珠，一粒萬齡，神功實大。必俟吾之嬰兒壯健，於洞天之中，虔誠修鍊，藏之衿懷，以度有緣，豈可輕爲妄作，翫時廢日，有誤大事也哉？

陳攖寧頂批 文武機：「三開三闔產真鉛，露出芙蓉花萬朵。此時便是藥物生，栽上驪龍珠一顆。白虎吞盡烏龜精，產出金酥光陀陀。三爐須知行二火，一池有兩樣作用。」「真土不死，不爲真鉛。要死真土，先死真鉛。真鉛既死，真土即伏。真土既伏，真汞有制。」

洞天秘典跋

洞天秘典一書，其來遠矣。至於曹洞清先生，已不知其巔末，况靈陽祖師哉？但旨甚玄而不至荒唐，法甚便而不及外藥，固已可信。究此書所從來，與夫得書成丹之故，則又鑿鑿可證也。

松江有陸公者，號散齋，諱萬鐘，於萬曆年間，代按荆楚。征洞酋奏凱，公與諸法曹按其罪而究其造謀之故，始知由於黃白。蓋以金多而生僭心也。隨以汞試之，俄頃而明乾若干斤。諸曹及東西階人，靡不爲之咋舌。嗣後，命醫治酋疾而爲獻俘。諸酋竟以此書報醫士之德，醫士隨試而隨成。陸公知之而未敢輕舉。任畢，與醫士偕行，意欲旋舍行其術。至蕪湘，醫生無故嘔血卒，止遺此書。陸公未之悉也，因遺之與瑞兄。予今幸而得之。

噫！洞酋召戮，醫士卒亡，不謹故耳。甚哉，此書不可漫傳也。慎之慎之！

攖寧按　此跋不知何人所作，他本未見，今據黃鈔本補書之。

又按　洞天秘典一書，伍冲虛當日曾經見過。彼於仙佛合宗内，歷數外丹書名，洞天秘典即其中之一也。又碧蓮道人作黃白承志錄序，亦提及此書。但此書世無刻本，正統道藏及道藏輯要皆未收入。濟一子道書十七種雖將洞天秘典列於「外金丹」門中，惜其殘缺太甚，殊不足以供研究。往年友人謝君無量，在北平瑠璃廠書肆購得破爛舊鈔本洞天秘典，持以贈余。奈脱句誤字不可勝計，竟無法校正。後幸得黄邃之君鈔本對勘，逐句逐字，細校一周，始臻完善。此篇跋語，僅黄鈔本有之，他本未見。黄君之本乃從鄭君鼎丞處傳鈔而來，鄭君則得之於安徽丹士白雲谷，白則得之於其師老古怪。所謂「老古怪」者，隱其名不欲人知，弟子輩因其師言動拂於常情，戲以「老古怪」三字擬之。彼不以爲忤，竟樂取此爲己稱，人因從而名之耳。今者鄭、黄二君已先後歸道山，此曲殆成廣陵散矣。

歷代祖師金火訣

地元後採金歌 又名真土歌，又名金火篇。

陳攖寧頂批 此篇之前尚有地元前採金歌及後採金歌，已與漁莊校對過。

神仙丹法古今同，誰肯真言下手功。憐你道心堅似鐵，天機盡洩此篇中。此篇中，窮戊己，只在真鉛身上取。真鉛身上取虛無，有真有假難思議。須知假己是畹珠，真己乃是釜無耳。釜而無耳都是金，畹珠取出金之內。不是凡砂及水銀，好把斯言細詳味。又云壬癸水中精，若還識得爲戊己。壬癸之精不是砂，乃是水銀真一氣。水銀一味分爲二，鍊黃鍊白爲鼎器。參透分鉛火候工，混元鼎上飛春絮。兩弦竅妙契玄機，金霞紫霧騰騰起。金丹至簡又至易，只要將黃與白配。黃與白配賴若何，歸根同入鳳皇窩。鳳皇窩，水火結，一團混沌難分別。要定浮沉分兩儀，混元鼎內威光烈。此是先天真太陽，變化無窮金電掣。金電掣，少知音，鍊士誰將真父尋。神仙隱下這一着，向人只說水中金。水中金，只一味，一味偏枯丹豈濟。爾欲不死求丹成，要認兩弦龍虎氣。龍虎氣，要取己，誰說硃砂不破體。烈火炎炎鼎內紅，金烏飛入滄波裏。這樣畹珠認不真，休言真父真種子。真種子，要取戊，仔細安爐休胡做。裏面風雷不暫停，三十文爻七十武。二百六十數無差，層層樓閣飛雲霧。這個戊，這個己，二土成圭藥無比。借假修真點五金，代天行道真靈異。真靈異，是真己，只在水中金裏取。實之己土非天晥，本是乾金性剛屬。神仙秘密不傳人，只借硃砂對人語。因此世人都弄砂，不思八石非金類。須知內鼎用黃金，赫赫日魂飛萬里。此藥乃是赤龍精，鍊成點入金龜裏。這金龜，即是母，曾在晥珠池內煮。上下薰蒸水火交，鼎安池上尺餘高。曉夜洞房恩愛足，兩弦真氣化冲霄。着意翻騰三兩遍，聖胎產出紫金苗。紫金苗，是大藥，點化全憑在此着。任養硃砂任乾汞，百日工夫丹入聖。三七硃砂去脱胎，鼎中祥瑞蟠龍鳳。這龍鳳，這龍鳳，仍向晥珠池內送。養成膩粉作丹頭，一分能乾四兩汞。如此節節轉制去，神符白雪能延命。能延命，非孟浪，神室金胎有二樣。以有招無入此中，玄妙難書於紙上。這神符，待後訣，且把種池與君說。鍊鉛若知晥珠池，任你爐中神火烈。神火烈，鍊鉛訣，靈胎聖灰不可缺。池中安立地中天，用鉛澆淋厚且堅。厚且堅，池無比，此是金丹大基址。莫怪神仙不肯傳，歸根復命都在此。都在此，從頭講，池中先鎔鉛八兩。後加白金一處煎，鉛花罩鍊金花長。七十武火次第添，每投一錢六分鉛。如此共投七十次，次次要見金花鮮。又行文火三十爻，每次八分休相饒。要見金花籠寶月，二百六十數休歇。每次投鉛一錢六，次次要見金花結。又行四次零爻數，每投二錢共四度。算來共點八錢鉛，首尾共投四斤數。初鼎四斤黑鉛水，八兩汞銀來相配。向後八鼎攢簇理，分鉛定數皆同此。鼎鼎金花各異長，裏面神室本相同。上釜爲天下釜地，火升水降神室交。裏面包藏真一氣，鼎中神室即白金。白金生在黑鉛裏，□□□□□□□。若人要識水中金，但向白金中流出。鍊至九鼎成黃酥，碎如金粟還丹赤。九轉神火一同煎，神爐配合金丹玄。此訣深深謹秘藏，不是賢人莫妄談。

地元九轉名號

第一轉，汞傳金氣造真鉛。無中生有。

第二轉，神希死汞擒生汞，通靈養砂。明窗塵。

第三轉，烹白雪賴真鉛之功。

第四轉，白雪養砂，產出黃芽。

第五轉，黃芽養出金鼂，以有還無自此起。神室。

第六轉，金鼂養出玉笋汞進砂熟成玉笋。神室。

第七轉，養出玉樹。神室。

第八轉，瓊林。神室。

第九轉，神符又名玉漿。九鼎神火，烹成金粟。神室。

修丹至此，能事畢矣。黍米珠能起枯骨，追魂復醒，服之換骨回陽。

先是造玉池，鍊金母，死汞，制造真鉛。真鉛養砂，砂死脫天硫。天硫造赤色真己土，己土復養砂。乃是「硫伏硫兮硫伏硫，硫擒砂死去其硫」。大丹起手，只用二八之機。

洞天秘典舊鈔本七絕十三首標題

陳攖寧

洞天秘典舊鈔本中尚有西江月三首、死晄歌一首五言十八句，又有中卷別集七言絕句十三首，又長篇七言歌訣七百三十字，無暇補鈔。僅鈔七絕十三首標題如左。

一，將汞銀不烹白雪，接砂養至九轉，爲一路鉛汞。陳攖寧頂批「初子天晄十二兩，制作靈晄，以之伏砂取晄，爲最上一乘之鉛汞。其汞銀三斤四兩，仍用真土伏養成寶。接砂養至九轉，另爲一路鉛汞。」此註原本用雙行小字書於第一首詩後。

二，將汞銀烹白雪，養九轉服食。

三，用白雪養砂。

四，將熟砂烹白雪以成三轉。

五，將三子用法制度温養。

六，將三子或吞汞，或接砂，以成四轉。

七，將三子進汞長金蓮，號金華。

八，將三子接砂以養紫粉。此標題下有詩二首。

九，將三子入金鉛櫃再養進汞。
十，四轉接砂將節次汞銀烹白雪伏砂。
十一，將五轉玄珠虛養七日。
十二，將五子鑄成神室養四轉金華以成金蠶。
十三，將金蠶砂進汞以成六轉玉笋。此標題後無詩有註。

節錄伍沖虛金丹要訣

陳攖寧等 抄

制凡銀凡鉛真訣

用黑鉛十數斤，以銀礦山出者爲妙。置大鐵鍋中，放八股爐上，大發炭火鎔化，看浮面有渣垢灰石，旋撥去之。隨以鐵鏟大炒一日，或日半。若現青灰色，是陰癸未盡，還當炒之，務必炒成老黃色細粉。然後將鉛粉乘熱入陽城罐内，放八股爐中，三足釘架穩，再發大火鎔化，傾於鍋内，俟冷定敲出，其鉛遂如淡金色。研篩極細，收貯聽用。又以灰池煎洗過足色紋銀一二十兩，入陽城罐内，化清如水，急投鉛粉，比銀減半，用大火鍊之。每鍊一次，以一炷香爲度，不拘遍數，務以鉛去盡癸水爲度。**陳攖寧頂批** 如何是去盡癸水？ 蓋鉛最難枯，必須將母久鍊也。其鍊過之銀，又必須次次獨鍊一回，待金花至方歇，以退出銀中所吞之癸鉛。不則銀中含有癸鉛，不能抽鉛中之癸矣。玄靈備要云：「以鉛鍊銀，則銀得鉛之氣足而陽華自現；以銀鍊鉛，則鉛得銀之氣足而陰癸潛消。陽華現，蓋爲煎多；陰癸消，只緣鍊久。如此則鉛枯而乃靈，銀剛而不弱。此銀鉛相制之理也。後鍊聖鉛，義亦如此。

制凡砂凡汞下手真訣

先以砂研細，用紙包壓成餅樣，然後將枯鉛鎔化。乘鉛化時，即忙退去火，急以砂餅栽上，以蓋蓋之。冷定取出，再鎔再栽。如此九次，方將母銀與砂同養。至七日後，以枯硼砂蓋面，同入陽城罐，放八股爐中三足釘上，打微火二香，大火一香。俟冷定，敲碎罐，其母在下，其砂在中，其硼在上，各自分胎。再將枯鉛母鉛母銀與砂交鍊九次，方成養生砂之匚藥。

陳攖寧頂批 交鍊九次之法如何？

大抵死砂之法多端，而人在玄門者，或有能之，但理路未清，不能進步耳。若識得鉛枯母剛，不犯雜類，必能制得砂死。砂死則自能乾汞。然必須砂至老死，盡抽去砂中之汞，方可再養生砂。老死之法，不離乎母也。金火歌云：「未得水銀死，先將水銀死。自家無氣力，却去扶人一。」金穀歌云：「若要水銀死，先須死水銀。」皆言砂要轉轉老死之謂也。今鍊家亦有不犯雜類，將晥交母一二遍，便去養砂。或母弱砂生，不肯分胎；　或晥與銀混，欲去養砂，皆無益也。

死砂接生砂真訣

先以凡銀與枯鉛煎鍊，去鉛，然後將九煎十煎的天晾死砂與銀多多煎鍊，方爲純粹。然後去銀，將死砂放入鐵臼，用力擣細，以絹羅篩過，研成粉麵，用白芨糊丸如黄豆大，使生熟易於分別，子母庶不混亂，以便揀出再制。凡砂須要晒焙極乾方可入礶。每死砂四兩，配生砂一兩爲準。生熟同拌勻，入鐵鼎内封密，或陽城罐内封固。罐内火候，難以捉摸，不如鐵鼎之爲優也。養火一七，取出燒試，有十分燒方好。如無九分十分，再養之，務必得十分燒方住。大抵火候從微而至著，配砂只以多接少爲妙，無論斤兩；養砂只要實死爲度，莫計日期。先師曰：「計日乃入門之訣，良工豈屈指而談？」青城丈人云：「只要藥靈，多期何害？」黄白破愚云：「砂爲真母，節節次次務令歸祖。祖非祖氣之謂，即母砂匸也。」漁莊錄云：「死八石還以八石爲母。」洞天秘典云：「砂若不先從真土養過，徑去見母，則有飛走之患。」故苟以凡銀養砂，必不能死，以其非真母也。

補母說

死砂真母，既抱子出，其體必弱，若不補益母氣，則敗矣，安能連生數子乎？即勉舉數子，其子亦必弱，又難以轉制矣。此時若無汞銀母，即用凡銀母以枯鉛久鍊，待金花大到取出，去鉛，將銀母入罐内化清，候金花到，即投養過子母砂，入内熔化清，他日飛去青煙盡，再以極老枯鉛蓋面鍊一日，候冷定敲出，取母砂如前擣細備用。養子後苟知此補法，則一母可生百子矣。

陳攖寧頂批　此段做手之用，就是因爲母砂不多，不能在一次養多子。欲養多子，須分數次養之。譬如母砂一斤，只可養子四兩，若要養子一斤，須分四次。但第一次養子力竭，第二再養，必須補母也。

强母足子說

其所養出之砂，取出燒試，若無足燒，未可便住火。猶之六七月墮落之胎，性命豈能堅固？如苟用原母養之，則母氣先弱，必不能孕壯子，須用補過氣之母，重複再養。不拘日期，不論遍數，然後堅老足燒，而胎人方得形骸完全，斯時方可以離母。玄靈備要云：「弱母豈能孕壯子，米入土內不生苗。」黃白直指云：「幼兒離母重添母，弱母抱兒可換娘。」承志錄云：「欲脱先將土釜開，開取一粒火中栽。頻頻燒試無煙色，鐵鼎中分一子胎。」洞天秘典云：「硃砂出土絕纖塵，氣結銀胎尚嫩新。又要將砂燒試看，無煙方可見慈親。」以上語皆要强母足子之意。

陳攖寧頂批　此段言母砂養子，而子不成，是母炁弱也。亦當再補氣，而再養之。

過母說

「過渡」「過度」等名義同。

將母砂匚，仍前同庶母交鍊數次，補足其氣，從此撇去凡母不用，但以枯鉛煎之成寶，待金花到住。如此連煎數次，則母剛健不虧，任從生子，名爲「過母」。此處丹經概不說明，但云「過渡」，或云「過度」。後人不得其旨，胡猜亂做，致成夢境。蓋砂本屬火，砂死成鉛，名曰「神水」，是火入水鄉，故謂「過渡」。渡者，水路也。水銀活者爲木汞，汞木爲青龍，化爲白金，金爲白虎。青龍在東方房六度，白虎在西方昴七度，是木入金鄉，故名「過度」。古云：「水銀不過度，神仙迷了路。」此乃步步向前之路。若不知此法，但用世上凡銀乳哺，是不分聖凡，何能得造化之柄？夫用凡銀，乃仙翁起手不得已之計耳。既得汞銀，便當以各轉之汞銀爲母，庶使祖孫父子九代之宗派秩然有序。古人云：「生而不靈死而靈，初而不靈久而靈。」是以愈鍊愈靈，得增神化之域，皆此母超脫之功也。葛仙翁云：「你死我死，先天在此。你靈我靈，乘化入神。」沔陽子云：「超上一胎，脫下一程。」石函記云：「白金原是水銀胎，返本還元水銀制。」又云：「潔白見寶，可造黃轝。」金火歌云：「四斤黑鉛髓，八兩汞銀配。」以上諸經，皆言砂汞成銀作母之旨。如母尚且無，子安得有？學者於此，可恍然矣！

庶母乳哺說

嬰兒初離母腹，形骸略備，必須乳母乳哺三年，方得神全氣足，長大生子。乳母者，庶母也，非生身之母也。蓋銀鉛爲五金，砂汞屬八石。五金不可爲八石之父母，死八石還須以八石爲母。汞死爲銀，乃化形於別類，故名「庶母」。此庶母當先用枯鉛煎鍊數次，每次要金花到，方得體剛。然後投以死砂，久久交鍊，砂方實死。將砂煎試有十分足方好。若少一分，未足爲妙。必須一錢煎十分，方合養砂節制。秋日中天云：「節節不離乎陰陽，務氣清而老死；代代不求乎毫釐，須氣足而神全。」漁莊錄云：「生母羸瘦少精神，却尋乳母投西鄰。」又云：「養砂乾汞任施爲，再尋乳母歸西宅。」黃白鑑形云：「鍊汞硬又硬，養砂青又青。砂青與汞硬，配母便成銀。」又云：「死砂死汞，元無優劣，配母俱可成寶。」又云：「己土乾汞，不必强求成寶，汞死便是真銀。若要見寶濟貧，必須乳母乳而復乳，成色自足。」又云：「砂爲真母，銀爲庶母。庶母者，五金之類，與汞砂不相入。若認此爲真母，竟以之死砂死汞，則惑矣。先死汞，必求真母。待汞死後，藉以伏氣可也。不得其旨者，或謂必用凡母，或謂不用凡母。不用凡母者，不用以死砂；必用凡母者，必用以乳哺。均乖謬矣。」以上諸經，皆謂「先以真母死砂，後用庶母足其神氣，方能成寶」，詞甚明顯。世之丹客每以生砂生汞與凡銀養鍊，何能超脱而成聖胎也乎？

以上自養砂至庶母乳哺，雖分五節，其實一串功夫。成寶後造作陰陽兩池，將寶獨鍊九九轉。每日一轉，每九轉後養火九日。至一百六十二日，便成黃白丹頭，可以點化五金。養火時，一轉歸陰池，第二轉歸陽池。陰居其五，陽居其四便了，與三元大丹作用相似。但黃白丹兼用形，三元丹全用氣；　黃白丹煅鍊之功居多，三元丹薰蒸之法爲主。是則稍異耳。

超神脱胎說

即鍊金鉛法。

二十斤黑鉛既以鍊枯，未可便以之配砂打晼，恐癸水未盡，必要鍊至四斤金鉛方可轉致。若就將來養砂乾汞，猶是源頭未清，其流必至混淆。宜脱其形骸，超其神氣，方顯通靈入聖之用。苟不明此，是謂有形無氣、有魄無魂，純陰無陽，終是死物。夫所謂超者，言超出其陽神而昇於九天之上； 脱者，言脱去其陰魄而入於九地之中，即形神俱妙之旨也。「形神」二字，丹經有「金鼎土池」……種種異名，不過只此鉛汞二物，觀爐中造化景而言之耳。「脱烏衣」「脱緋衣」「己土天晼」……此皆實死真鉛之殼而別爲號耳。能知此超脱一着，藥物之真假、火候之深淺、配合之巧妙，盡在其中； 二十四品神丹、七十二家爐火，頭頭是道矣。法用三斤真枯黑丹，擣細如粉，以紙攤幾上，粘於丹罩鐘口，將黑鉛七八錢匀鋪罩内紙上。再將紫土堅池如飯碗大、底平者，看池大小，置洗過凡鉛一二十兩於内，以枯鉛蓋銀面，以龜蓋蓋池上，上下大火，鍊一二炷香，撥出枯鉛，加大火鍊出金花，急將丹罩扣上，隨即取去丹罩，又以枯鉛細末蓋於黑鉛上，小火温煮半日。至午又撥出枯鉛蓋，銀面有小赤金花。又如前栽黑鉛一兩，又蓋枯鉛末，温煮半日。至晚又撥出枯鉛，又栽黑鉛一兩，蓋枯鉛末，小火溫煮。更加細炭，隨爐中宿火養至次早。如池好，即發火，如前再鍊。連鍊三日，至第四日，不加黑鉛，只以枯鉛蓋面，自早鍊至午後，撥去枯鉛，上風箱大火鍊半日，務要紅光閃爍，金花堆錦，即栽黑鉛，如前再鍊三日，至第四日，又大火退陰氣半日。如此接去。若池小，須分池鍊之。若池坯，即便換池。務鍊至黑鉛內陰氣盡絕方好。不則，恐爲後患。慎之慎之。大抵池內金鉛多，栽黑鉛亦可多些，不論分兩數目也。將此鉛配養生砂，以接黑鉛之氣，是不離乎母也。將此鉛接黑鉛，又養鍊至金鉛纔住，是不離乎金也。古人所謂「鉛枯汞自乾」者也。火候藥物配合，盡在於是。臨爐作用，巧妙在人。

伍沖虛修仙歌

(一)鉛砂凡體入池煎。

(二)黑盡白見成金木。

(三)面上片片紅桃花。

(四)心中顆顆碎金粟。

(五)真鉛真汞是此真。

(六)物白物黃皆此物。

(七)次次丹頭是可依。

(八)鼎鼎薰蒸化天祿。

(九)超之脱之即丹鉛。

(十)暗進明進如酒麴。壬子春來一試焉。般般已驗符親囑。雖堪點得住世金。怎敢妄爲滿天福。

句註

(一)(二)雖曰二體，即古所謂「一物含五彩，亦作仙人祿」者是也。此中金、木、水、火、土之五行俱全，青龍、白虎、玄武、朱雀之四象俱備，而後成黃爲白。予師所謂「一轉成母」者，即此是真母。昔旌陽銅符鐵券註，乃吳猛直指靈文，所言每黑一斤，所得白二兩，則三十六斤，得七十二兩。亦驗。

(三)(四)此即名「白金」，名「乾金」「兑金」「庚金」「水中金」「火中金」。若雞子鉛汞，名「真鉛真汞」，爲天上之至寶、神仙之秘機。

(五)除此鍊成得真之外，餘皆世間之凡物。

(六)此得水火既濟交併金木之神氣者，爲神丹之根基，是白而又是黃，非黃而又非白，內外若黃白二色，故仙家稱「黃白」。世人無由能聞，亦無由能見，故不知黃白是何物、名黃白是何故。

(七)(八)鍊即此，烹亦即此；養以此，而乳哺亦以此。而有此則丹可還，故曰「金液還丹」。無此則丹不可還，必無成丹點化服食之理。縱燒鍊百年，空廢家業。所謂：「硃砂未白頭先白，水銀未死人先死。」勢所必至，可不慎之？

（九）超之脱之即丹鉛。超者，離黑而超出白；脱者，離白而超出神來。所以謂之「神丹」。若非得此鉛中丹之神物，必無成道之理。

（十）暗進者，暗進神水、暗進神火，屬烹錬之工也；明進者，明進神水、明進神火，屬火超脱之工也。暗進者，在固密之中；明進者，顯然在外。所以此妙絕與世法不同，與世談者異。若不能如此，則非丹道，不成不成。學丹者當安分已矣。

（十一）（十二）師授已多年，尚未經手一爲之，亦乏資財之故。及見漁莊所云「大丹只從四兩起手」，何不一試爲之？況思而不學，終是危殆不安，是亦不得不試驗而爲真用實理。

陳攖寧等　抄

無極經

無極經序

夫黑鉛先天之炁，混沌於太極之先，杳冥於無極之始。四象五形，本一氣所生。一炁混合，五炁乃成。四象返還，戊己媾精；水火配對，金木交併。道生一兮，天一真精，爲神火黃芽之根；一生二兮，鉛內產砂，爲神火晥珠之妙。砂中產汞，始爲東三青龍；金火同宮，返還西四白虎。此無中生有、還丹造化之機也。故鍊土鍊此真鉛，鉛黑返白，鍊白返赤。以離投坎，去癸留壬，以成庚金。金中生火，以鍊真神，化成五色真土，作神丹之宗祖，爲拔宅之靈梯。

始初下手兮，水激爲火；採出晥珠兮，火化爲土。所謂「真土擒真鉛，真鉛制真汞」也。下乘鍊精化氣兮，月芽西起；水火迭進兮，先天真炁。所謂「黑金鍊出白金來，白金鍊極金花開」也。中乘鍊炁化神兮，上弦八兩鉛精；金水同宮兮，下弦半斤汞髓。豈非「上弦金八兩，下弦水半斤」「金水同宮鍊八還」乎？上乘鍊神還虛兮，招攝虛無生一炁；變化明窗塵兮，白雪入口身生翼。豈非「上下二釜合乾坤」乎？藥生虛無竅兮，教演三乘，由一乘而可入；神丹九品，由築基而乃成。初學築基兮，鍊己併採精。採得鉛精，烹之又烹。三關過完兮，方通神聖。招攝虛無兮，藥物精靈；再鍊天元兮，拔宅飛昇。日中取火兮，金烏天魂；月中取水兮，玉兔露形。水火迭進兮，金液含真；時當卯酉兮，安金凝神。九年白雪兮，瓦礫成真；十二神符兮，枯骨重生。拔宅飛昇兮，雞犬飛騰。到此則十象俱足，萬菓完成。花開菓熟，遊賞太清。立三極之主宰，號無極之真人。正萬世闡揚大道之祖脈也。

昔盤古繼靈寶以立教，黃帝鑄九鼎以登仙，淮南拜師於八公，旌陽受道於諶母。自晉迄今，千有餘載，龍沙讖驗，八百將會。僕以神丹秘範，集成一書，名曰神丹秘訣無極真經。捨枝葉而言根本，棄文章而談正道，可謂大洩天機矣。僕體太上之心，欲使人人成道，個個登仙，奈玄律至嚴，不避雷火之譴，敷陳玄理。下筆之際，戰兢兢而淚滴乎紙，意惶惶而汗流於背。知我者爲我心憂，不知我者爲我何求。蓋古今以來，好道者奚止牛毛，而成道竟如麟角。只因不辨邪正，不明真假，真師難遇，正法難聞，以盲引盲，胡燒瞎鍊，到老無成。其間埋没許多真心學道之士，窮究一生，白頭莫遇，終落輪迴，誠可歎憫！嗚呼！天不愛道，地不愛寶，我亦何敢自私？故留此書，以教後學。

此書毫髮不亂，直指真詮，學者必求上合天心，中合聖賢，下濟斯民，遵守戒律，誠心修鍊，方可成就。如其不然，吾知其徒勞而無所遇，縱遇亦不能成，雖成亦不能享。豈不聞誤傳匪人而殃及九祖乎？僕之諄諄告誡，宜體此心，勿遺累於我爲幸。得是書者，不啻心心相印、口口相傳矣。

僕昔與樵陽子共修大道，均以得藥得火。因功行不足，未能上昇，故留向人間，代天行道，以度有緣之士耳。

玄律持戒章

凡受此大道者，先須齋戒三日，沐浴淨衣，秉燭焚香，恭望太上道祖位前，三跪九叩，發立誓願，皈依受戒，然後獨入淨室，焚香危坐，開看聖章。如或輕慢，獲罪不淺。所謂受戒者，乃太上感應篇也。此篇金書玉刻，爲天庭律例，較人皇律例尤爲森嚴難犯。何也？蓋天眼雖高，容光必照；天耳雖遠，無聲不入。苟有信心皈依者，實夙根不昧也。然必日夜默誦，動靜維持，務須身體力行焉。使字字不可粗心，件件毋庸忽視，庶可天隨人願，道岸誕登矣。

無極

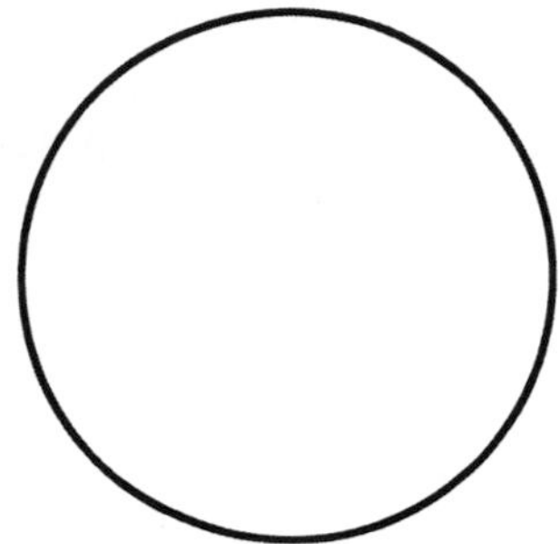

偉哉真鉛，先天地精；混混沌沌，無極之神。鴻鴻濛濛，太極未分；内含五彩，生天地人。

此鉛勿犯雜類，力薄無神，要出山元體，爲七十二石之父母，萬物之祖宗。親身採擇，不可輕忽託人。一有差僞，不能成功，悔之晚矣。從始至終，只是一味。信哉！得其一，萬事畢。可知非世間之銀鉛砂汞也。

天地交位

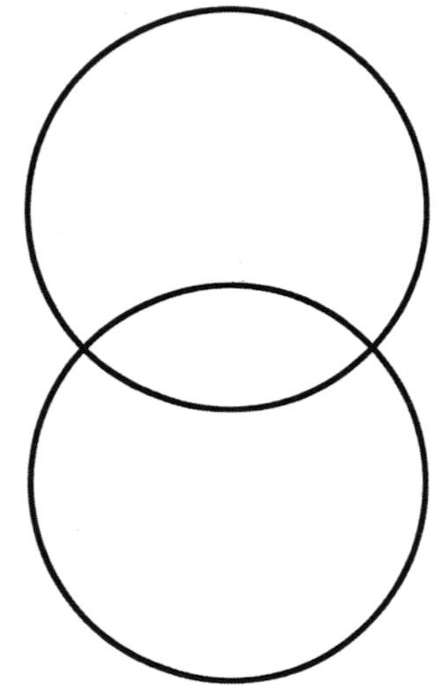

黑中有白，天地鍊形。一分爲二，流珠輕清。投紅入黑，天地交精。金精入骨，黃暈克成。安金益水，砂汞凝神。

法以黑鉛取出紅鉛，紅鉛鍊白金，白金鍊黃金，黃金鍊神室。上下二釜，名曰天地。

三才定位

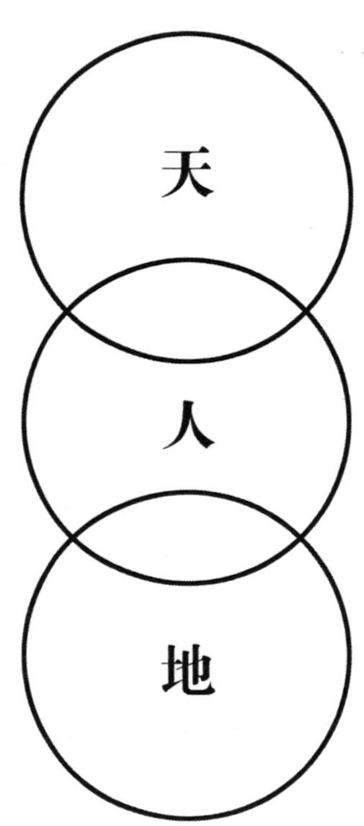

一生壬水，先天至真。二生丙火，上升下沉。日月運行，萬彙滋生。

法以先天真鉛紅鉛，鍊出真金，則三姓會合，俱化爲土，造成神室。上釜象天，下釜象地，中安靈汞，以象乎人。此三才合一之道也。

經云：「龍呼虎彩，虎吸龍光。二氣吞併，籠罩四方。」故一變而爲水，二變而爲砂，三變而爲汞，四變而爲金，五變而爲丹。

河圖

四象五行

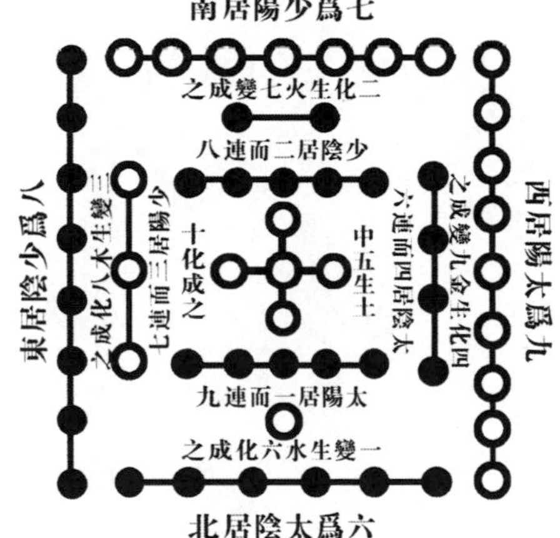
七爲少陽居南
二化生火七變成之
少陰居二而連八
九爲太陽居西
四化生金九變成之
太陰居四而連六
中五生土
十化成之
少陽居三而連七
三變生木八化成之
八爲少陰居東
太陽居一而連九
一變生水六化成之
六爲太陰居北

洛書

九宮八卦

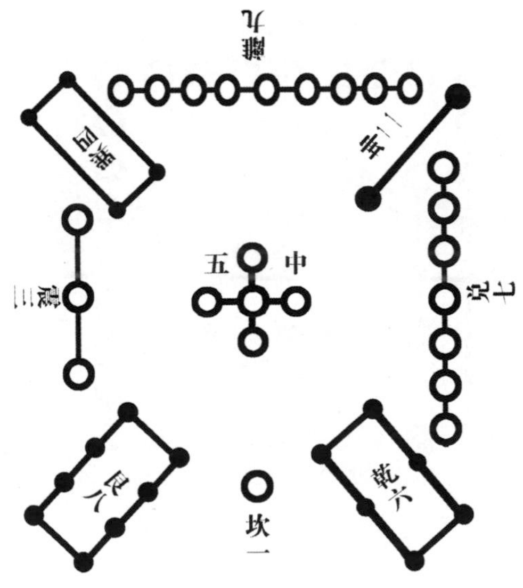

日行黃道運其中月行九道爲太乙

經云：「一九之數，終而復始。含光虛危，播精於子。」太上真鉛天地祖，內藏金木水火土；採來去陰固濟嚴，周天火候擒龍虎。炁升液降三才分，紅鉛黑汞兩異名；日月交光魂魄戀，陽烏啣出一輪明。

築基先取乾坤爲鼎器

採混沌真鉛，燒無障氣，其味香甜。得此鉛千斤，三淘三洗，去淨塵土，晒乾擣細，每斤配龜背玄精四兩，入混元鼎內，安太乙爐中，上架七層寶塔，先煅紅三香，風匣大火煽鍊，一日一夜完。冷定取出，晥珠真火，瓷器收貯，勿令洩氣。此火乃先天真氣，升上七層寶塔之頂者，其形如紫粉，一名「白虎首經」，一名「元始祖氣」，一名「美金花」，一名「經鉛」，一名「火鉛」，一名「火棗」，一名「乾父」，一名「木火」。其名無窮，不能盡述。總之，地二之真火，從天一之水中所出而成者也。此火上昇爲乾輕清，水鉛沉下爲坤重濁，謂之築基。

三疊神爐

將前昇出真火，入陽關三叠爐內，文火二香，武火一香，昇畢，寒爐取出。在上者爲清，在下者爲濁。清者鍊金丹，濁者養珠砂，亦在人變通爲之可也。至於火候之妙，存乎其心。

三疊爐式

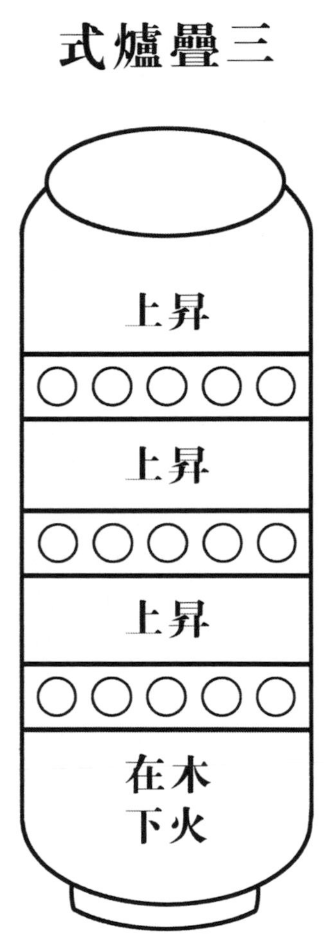

晥珠神火退陰訣

經曰：「用陰攝陽，以陽鍊陰。陰陽交鍊，其體乃純。名曰朱雀，號爲神英。白金非此，從何而成。隱藏秘密，保重在心。若有輕言，罪及雷電。」

更有脆體死神火妙訣

訣曰：「將

訣曰：「將䀝珠真火四斤研細，用炒過的無名異土四斤，先築實釜底，後入䀝珠在上，封固嚴密，溫養一日夜，取出，在明爐打火五香。冷定取出，又換無名異土，如前加䀝珠封養半日，入明爐打火一日。冷定取出，又換無名異入釜底，加䀝珠封打一日。冷定取出，色似珊瑚光耀日，形如琥珀射人眸。如此接連三次，火化真土，不能飛騰。若不制伏，則神火飛騰，臨爐無用，金火安能同宮乎？」

鍊精化炁金火同宮九池訣

即造白金法也。

第一池

先入鉛半斤，另將三斤半分作爻銖，神火七兩二錢一分。爻銖進完，入安金之鉛三錢四分。

經曰：「此鉛非是世間金，曩劫先天真水銀。此火非是凡間火，火化金熔光陀陀。」七返九還，金木交併。太玄真經，爲道根本。合乾坤之數，取坎離之精。稽六十四卦，察周天之度數。據爻摘符，卦有六爻，共三百八十四爻，而存神於中矣。乾之策二百一十有六，坤之策一百四十有四。引而伸之，觸類而長之，總萬有一千五百二十，所以應萬物之數，備剛柔之體，而爲神丹之用也。聖人觀天之道，執天之行，故以黑鉛三斤半，分作三百六十五爻，以應周天度數。先將水鉛八兩，入灰池化清，龜背蓋安於池上。鍊至五彩霞生，庚方月出之時，投木火二分二釐，即投鉛片一錢七分。此「坎雄金精，離雌火光。龍呼於虎，虎吸龍精。兩相飲食，互相吞併。周天爲度，陰陽乃成」。復子是坎水生鉛，二百一十有六，用在陽時； 姤午是離火生汞，一百四十有四，應符陰候。共三百六十五度，次次俱要霞生，爻爻俱要電閃。「滿天星斗浮沉轉，寶月金花劈面來。」又曰：「月芽一線從西起，採得先天真一炁。」又曰：「鉛遇癸生須急採，金逢望遠不堪嘗。」「杳杳冥冥有至精，激陽爲電生光明。光明盤旋生五彩，下有鉛精人不識。」用意觀看，水不及，流珠露骨；火不及，金形不現。進鉛太急，急則金烏不出海；進鉛太緩，緩則玉兔恐傷形。直待庚方露一蛾眉，水火併進，不離玄關一竅，投木火一銖，即投鉛爻一銖，一踵一息，不離方寸。三百六十五數投完，共投神火七兩二錢，池中只存九錢二分，餘存癸水一兩，不可煎盡，以洩真氣。仍進安金益水鉛三錢四分，保固形神，退火封固，寒爐取出。經曰：「真土擒真鉛，真鉛制真汞。鉛汞歸真土，身心寂不動。」此之謂也。

過一竅訣

用土釜一個，將晾珠制過的無名異土一兩，築實釜底，以初池白金入釜中，大火錬五香。此聖胎過一竅也。

第二池

先入鉛半斤，另將鉛三斤半分作爻銖，神火七兩二錢亦分爻銖，進完，入安金之鉛二錢三分。

經曰：「先求地魄，白金生晥珠是月華；次取天魂，黃金產硃砂是日精。魂魄合體，精華自生。金即是月魄，火即天魂。」又曰：「欲得烏肝，先求兔髓。」「日魂月魄妙通玄，識得魂魄是真仙。」法將初池池底細研，內有晥珠，合無名異土鋪築池底上，用聖灰築實池內，以龜蓋安固蓋上、留孔。池池如此。將鉛三斤半，分三百六十五銖，神火七兩二錢，亦分作三百六十五銖。先投鉛半斤，鍊實池底，後投初池白金於內，待日月霞生，日紅月白，「潭底日紅陰怪滅，山頭月白藥苗生」，投木火二分二釐，隨投鉛片一錢七分。此日月交光，坎離合體，「與君談破我家風，太陽移在月明中」。將三百六十五爻投完，進安金之鉛二錢三分，寒爐取出過竅。

過二竅訣

用土釜一個，將制過的無名異二兩築實釜底，白金放上封固，打火五香，冷定取出聖胎。後三竅倣此。

第三池

先入鉛半斤，另將鉛三斤半分爻銖，神火七兩二錢亦分爻銖，投完，進安金之鉛二錢二分。

經曰：「三五與一，天地金精。月出庚方，乾金圓明。金沉水旺，巽艮還坤。三五火生，火滅土化。」法將二池池底細研，入池築實，龜蓋背好。先入鉛八兩化清，投聖母於內，鍊至紅光籠罩寶月，照前以鉛三斤半，分三百六十五銖，火候到時，投木火二分二釐，隨進鉛爻一銖。所謂：「二用無爻位，張望飛虛危。朱雀出南闉，黑龜躍北海。策策丙丁昇，滴滴鉛入骨。白金月魄晥珠火，精魂鍊魄魄鍊魂。自然金鼎宰神明，產出丹砂及水銀。」砂產鉛內，性情相合，金水交結，水盛火滅，俱歸厚土。爻銖進畢，入安金之鉛一錢三分。此七陽來復之妙也。滋金而益水，益水而安金也。

過三竅訣

制度俱如前法，但加無名異爲三兩耳。

過初關訣

用大土釜一個，將晥珠三兩築實釜底，安聖金在上，固封。大鍊一日，取出聖胎，行四池法，其晥珠收存後用。

第四池

先入鉛六兩，另將鉛三斤十兩分爻銖，神火七兩五錢亦分爻銖。

經曰：「金火當值事，金水相含受。」此言金火交結、金水含受也。將前池爐底研末築池，用黑鉛三斤十兩，分三百六十五銖，神火七兩五錢亦分三百六十五銖。先將鉛六兩化清，投聖母於內，鍊至紅光五色，烈火霞生。「時時美景如金碧，日日開花樣不同；三開三合產真鉛，不是陰陽定不出。」投神火一銖，隨投鉛片一銖。水靈晶，火靈晶，水靈火靈魄與魂；魄靈吸魂魂吸魄，魂魄交兮體合成。三百六十五爻投完，池中金水已有七兩二錢，退火寒爐，取出過竅。

過四竅訣

一一俱如前法，但加無名異爲四兩一錢。

第五池

先入鉛六兩，另將鉛三斤十兩分爻銖，神火七兩五錢亦分爻銖。

經曰：「偃月法爐鼎，白虎爲熬樞。汞日爲晼珠，青龍與之俱。舉東以合西，魂魄自相拘。」此交姤之妙也。「日魂乍進嫦娥宅，覓得中秋桂蕋香。」與前四池火候爻銖俱同。池中金水有九兩之數。

過五竅訣

照前法施爲，但加無名異五兩耳。

第六池

先入鉛六兩，另將三斤十兩分爻銖，神火七兩五錢亦分爻銖。投完，再用神火五兩四錢，分六次投入。用鉛片六錢六分，亦分六次投入。

經曰：「坎戊月精，離己日光。日月爲易，剛柔相當。土旺四季，羅絡始終。青赤白黑，各居一方。皆禀中宮，戊己之功。」水能滅火而化真土也。將五池爐底，細研築池，黑鉛分三百六十五銖，神火七兩五錢亦分如鉛爻數。先將鉛六兩入池化清，投聖母於内，鍊至五彩霞生，庚方月現，黃靈滿沼，上下開闔，紅光閃爍，露滴黃庭，嬰兒顯相，光逐神生，投木火一銖，隨投鉛爻一銖。「但將地魄擒朱雀，自有天魂制水精。」「舉水以激火，奄然滅光明。金來歸性初，乃得稱還丹。」三百六十五度爻銖投完，池中金水約有十八兩錢之重。正金水平分之際，急用真火五兩四錢，分作六次，看池中血霞金光，即便投入。隨投鉛片六錢六分，亦六次投入。安金益水，冷定，次日過竅。

過六竅

與前法俱同，但加無名異六兩耳。

過中關訣

用大釜一個，同前法，但加硫珠六兩耳。

第七池

先入鉛四兩，另將鉛三斤十二兩分爻銖，神火八兩亦分爻銖。

經曰：「太陽硫銖，常欲去人。卒得金華，轉而相因。化為白液，凝而至堅。」此金火相入之妙也。將六池池底研細築池，先將鉛四兩入池，以三斤十二兩分爻銖，神火八兩亦分爻銖，看池內鉛化清，投聖母於內，鍊至「紅霞籠寶月，透體紅瑠璃」，池飛紫霧，火起祥光，「三開三闔產真鉛，露出芙蓉花萬朵」，急進木火一爻，隨投鉛片一爻。木液吞金精，金精嚥木液，火烹兮姹女氣索，水激兮嬰兒胎黑。脱黑則潔白見寶，氣索則色變紅璃。火盛銷金，金伐木榮。青赤白黑，各居中黄。三百六十五爻投完，池中金水約有十二兩，含陰在內。不可煎盡，恐洩真氣，傷動胎根。退火冷定，取出過竅。

過七竅

一一如前法，但加無名異爲七兩耳。

第八池

先入鉛四兩，另將鉛三斤十二兩分爻銖，神火八兩亦分爻銖。

經曰：「三一之道，修性合情，歸根復樸。」鉛中之有砂汞，猶人之有性情。性情與人，非外物也；砂汞與鉛，非外類也。將七池池底研細築池，將鉛三斤十二兩分爻銖，先用鉛四兩入池化清，隨投聖母於內，鍊至五色金花。「金烏飛入廣寒宮，朵朵金蓮水面紅；金花原是池中藥，採得金花再莫言。」又曰：「採得金花是鉛精，馬鬣龍鱗雪色明。」投木火一爻，即投鉛片一爻。火性炎上，水性潤下。「金以砂爲主，禀和於水銀；太陽神火精，射入希夷府。」日月交光，只盜其神，不盜其形。用神棄形，乃得長生。爻銖投完，池中金水約有十四兩，含有陰在內，不可鍊盡洩氣，傷動胎根。退火冷定過竅。

過八竅

俱同前法，但加無名異八兩耳。

第九池

先將鉛四兩，另將鉛三斤十二兩分爻銖，神火八兩一錢亦分爻銖。投完又用神火八兩一錢，分九次投入，次次入安金之鉛一錢。

經曰：「丹砂木精，得金乃併。金水合處，木火爲侶。」「丹砂晥珠父，戊已黃金母。」此金鍊母之秘也。將八池爐底研細築池，將鉛三斤十二兩分爻銖，神火八兩一錢亦分爻銖，各分作三百六十五數。先將鉛四兩化清，投母於內，候至明鏡秋月，菡萏花生。「西畔一彎白如雪，便是庚方初出月；黃金漸產中央土，露出還丹大藥祖。」投木火一銖，即投鉛爻一銖，招攝龍精，賴於虎髓，不用鉛形，只用鉛氣。鉛炁何得？先求同類。同類是金，灰池用意。煒煒火功，外包鼎器。爻銖投完，周天數足，池中金水約有十六兩二錢，正金水平分，池中紫霞噴血，五色金花。用晥珠八兩一錢，分九次投入。用鉛片九錢，亦分九次投入，以安其金。冷定過竅。

過九竅

俱照前法，但加無名異九兩耳。

過三關訣

其法同前，但加晥珠神火爲九兩耳。

九池功畢，金火結成玉菓，名曰「先天水銀」，即白金也。潔白見寶，皎如明鏡。如有青黄，非鉛之真氣，乃癸水未盡，必須猛烹極鍊，浪騰寶見，又不可露骨洩氣，方可造黄轝。霞生兮，化青青之真土；　火動兮，變灼灼之紅蓮。慘陰無光兮，真鉛沉黑；　舒陽現明兮，真汞浮白。潔白見寶兮，可造黄轝；　此爲真種兮，大丹頭。初則鉛内產砂，到此砂中生汞，纔是鍊精化炁之真訣。寶之秘之，勿視平常。築基之法，於此畢詳。

鍊炁化神章

將前九池池底研細，名「黃金土」，同造九池。每池加聖灰四兩築實，名「晥金池」。用風匣爐煅紅，即投過關神火八兩，入池溶化，投金母於内。上火一百四十四，用在陰時。退上火，行下火，二百一十六行於陽候。三開三合，即投木火四兩，隨投金鉛四兩，蓋上封池，温養一日夜，冷定取出聖胎。如此九池，火候俱同。聖胎變化，紅璃金色，池池相似。九池共鉛八十一斤，應周天之數。池池昇上者，俱有名號，備在銅符鐵券文上。爻銖投完，入安金鉛爻。九池鍊畢，方配人元。將聖母一斤，碎如米粟。首池青埃一斤，配聖母拌勻，入威光鼎内封養。一七三方一頂火，每方三兩。二七每方四兩，三七每方五兩，四七每方六兩。養火二十八日，不可傷動胎根，入明爐先文後武，煅鍊三日三夜，金火分胎，紅霞在上，如赤玉紫粉，金母在下，外白内黃。再欲過度，一月一鼎。「母氣初傳子，初子性方拙。」此一陽復卦用事也。九鼎俱遵銅符鐵券。九鼎功完，如欲服食，將末子分出，烹成金粟，懸入井中，去盡火毒，一日一粒，清泉服之。百日改形換骨。此人元九鼎，返魂還骨之玄妙也。

移神換鼎鍊神還虛口訣

先將聖母放太極鼎，徑寸過中心之上初紅金鉛四斤入土釜中，鍊至庚方月出，用晥珠八兩，分八次投進，次次霞光籠罩寶月。招攝一日，寒爐，取出聖母，將前九池晥珠入內，聖胎放上，封固，外水火鼎包固，安太乙爐中，温養一月，長虛無白雪九錢，收起。將金母又招攝先天一日，取出。將前八池晥珠入鼎，聖母放上，前白雪安母上，温養一月，又長白雪九錢，共壹兩八錢。如此招攝九法，温養九鼎，共長白雪八兩一錢。將聖母鑄成神室，形如雞子。將此白雪入神室徑寸中心之上，內有包胎，外有金鼎。上釜象天，下釜象地，中安靈汞，以象三才。外包坎離鼎上，坎鼎入於離鼎之中。自胎至臍一寸三分下，離鼎進火，吸坎鼎之氣，歸神室之內。進火百日，方透金鼎之中，孕生金液，以成金丹。

了易先資

蓉城復初子李保乾　著
萬春抱元子　註
陳攖寧等　抄

題記

此書經數人手筆抄成，故字跡不同，有些字頗難認識，雖校過兩遍，尚不能全改。將來必須重抄一本保存。

了易先資自序

易者何？性命内丹也。資者何？黄白外丹也。欲了性命易道，非先得黄白資助不能也。洞天秘典云「欲求黄白爲丹本」，承志錄云「欲覓丹財爲道助」，皆求此外藥先資以了易道内修之意。但内藥有龍虎鉛汞之喻，外藥亦有龍虎鉛汞之名；内事有築基鍊己之功，外事亦有築基鍊己之秘。非得真師口授，必不知用何如藥物，當何如配合，何如採取，何如溫養。一訣不明，終難成功。然傳授出於師口，理訣詳於丹書，非師無以指書中之訣，非書無以證真師之傳。如平素不熟玩丹經，即遇明師，又何從而辨其真僞？況明師亦未有見人之貿貿無知而輕授以大丹真訣者也。

余髫齡時即慕斯道，雖修儒業，而文章之念總不敵鉛汞之思。累試燒煎，毫無成効。旁門小法，莫不嘗之。十數年貲竭囊空，人皆白眼。稍間，即玩丹書，手抄累帙。其中妙訣，總未了然。繼而遷居錦城。偶遊丞相祠堂，得遇張師，言下契合，遂齋戒盟神，跪求指授。將平日所讀丹書一一審問明辨，始知金木交併之機，丁壬會合之妙。火符藥物，豁然貫通。於此益信至道之無雙，更歎師恩之難報矣。

敦戕歲，遇舊友三復子，深明易道性命之旨，因無資助，未能入室下功，乞愚授以黄白之術，而轉以周易真解相酬。愚因歎易道不可無資，爰將所受師訣序成一帙，名曰了易先資。雖大概只戊土、己土、養子三論，而一切死鉛、死銀、死砂、死汞功夫，俱盡於是已。蓋丹道只重造土，土成而種金種銀無不宜焉。愚願世之同志者，不以愚論爲謬，而勵行積德，篤志潛修，同爲出塵之侶，幸甚。

大清咸豐敦戕歲小陽月唐昌復初子李保乾自叙於蓉城仙館

敘

夫金丹之道，本於河圖，五行攢簇而成天一水鉛也、地二火砂也、天三木汞也、地四金銀也。丹道始終作用，不外銀鉛砂汞四物而已。然金生於水中，銀鉛一物也；木生於火中，砂汞一物也。是四物終是二物。及鉛汞氣精交合之後，結而爲丹，能成粉，亦能成液，謂之真鉛亦可，謂之真汞亦可，是二物終只一物。經云：「識得一，萬事畢。」一者何？水中金也。然始終變化，全是汞龍，故曰「本是水銀一味，周流遍歷諸辰」。究之採得之水中金，即死水銀也。戊土成，初死水銀也；己土成，次死水銀也；長子成，三死水銀也。及至乾汞開茆，無非用已死之水銀，死未死之水銀耳。經云「一生二」，是以戊土生己土也；「二生三」，是以己土生長男也；「三生萬物」，是長男成而九子立就，點化無窮也。戊土乃天一壬水化成，故曰「一」；己土乃地二丙火化成，故曰「二」；長子乃天三震木化成，故曰「三」。此書以三論而畢，殆準此意乎！

緒生平篤志玄學，亦知內事非外事無以成功，常從事於銀鉛砂汞之間，周旋於池鼎爐竈之下。奈所遇盡皆盲目，千舉成敗，徒費辛勤耳。後於錦城遇復初子先生授以了易先資，講明奧旨，始知藥物配合、火候抽添有妙訣焉。然而資已竭矣，囊已空矣，愛我者莫助，笑我者良多，始歎未遇師時得法難，既遇師後得財尤難，内外兩道同一揆也。

門生羅光緒保先子謹識

了易先資目錄

河洛外丹論

竊意世之好丹砂、慕黄白者，亘古及今，鮮有不被其惑而不爲方士所誤者。惟因其誤，遂謂天下無是道、無是事、決無是理，而不知授受之有真，猶之因噎而廢食也。豈知地元大道，本於河、洛生成之理。河圖先有一六水而後有四九金，所謂「金生於水」也；先有二七火而後有三八木，所謂「木生於火」也。先天固，水中有金、火中有木也，明矣。欲求斯道，必先識水中金、火中木何以逆生順死，而後知生成之妙在殺中以求生。間有知者，只知爲水火交，而不知實爲金木交也。金木交後則震化爲兑，其象著矣。考河圖四象，生以金終，金不化土，不能產物。河圖五行，成以土畢。此皆逆生之道，與易理無二也。是故河圖言先天而生數則以土畢。洛書言後天，示交會化土之妙：一與九對，合中五爲十五，是以壬水制丙火而成土也；三與七對，合中五爲十五，是以兑金鍊震木而成土也；壬水生於坤二，丙火生於艮八，合中五爲十五，是以丙火鍊壬水而成土也；金生於巽四，木生於乾六，合中五爲十五，是以金木交併而成土也。玩洛書中宮用五不用十者，是戊土成而己土之法亦寓其中矣。至於養子之妙，亦不出此洛書生死交會之理也。

其法詳註漁莊錄、秋日中天、承志錄等書。須知，先聖所以傳此法者，本爲易道之助，使先以地元資用鍊心性而務内修，後以天元神功司造化而致位育，誠易道始終之要，非得真師口訣、熟玩丹經，决不能窺其奧也。若不知修德凝道，妄念營求，苟圖財利，是自干天怒，斷未有得此訣而能成此道者也。

爐火大旨

爐火之道，至顯至微，至易至難，至神至妙。所謂至顯者，五行生尅，人人皆知，日月交光，人人共見，真人準此道以修丹，其理甚顯也。所謂至微者，鉛汞之交在神氣，龍虎之媾在須臾，可見而不可見，差誤即難成丹，其機甚微也。何謂至易？只用砂鉛二物，不須步斗躡罡，百日土可成，年餘子可就，雖愚夫愚婦，可以與知與能，何其易也！至難者何？倘法訣不清，藥物不真，配合不當，火候不明，千燒千敗，尤必須積德立功，神天默佑，方許有成，何其難也！至若以上品之輕清服食，可以起死回生，超凡入聖，以下品之重濁點化，可以脱皂縮貨，弄假成真，其神妙爲奚似乎！然其功夫大旨，只是鍊鉛死砂而已。

鉛乃月魄，天地之真水也；砂乃日魂，天地之真火也。借人間凡水火，烹鍊真水火而爲靈丹，故能變化五金八石而成世寶。但水有壬癸之分，火有丙丁之別，必先去癸存壬，覓得壬水，捨丙用丁，覓得丁火，然後以八兩壬水，配半斤丁火，而追取金花。初將神水造成戊土，次將神水造成己土，有神水、神火，而神藥在是矣。經云：「黑金鍊出白金，白金鍊出黃金。」又曰：「乾黃坤體白，黃白藥無比。」故曰：「鍊黃白，至於陰陽池、水火鼎，俱有妙用；明爐鍊、灰缸養，皆要防危。」此丹道之大旨也。

學者必深明乎易象之精微，而後知此道之非妄；必洞曉乎河、洛之理數，而後信此道之非誣。必其根器不凡，修德動天，而後可遇真師，得聞此道，始冀有成。自古仙師假此道為內修之助，丹經子書彰彰可考，非浪傳也。今人少所見而多所怪，非指此道為荒謬，即詫此道為神奇。間有深信此道而未得真傳、未明經旨、未能修善合天，只知貪財愛寶，盲燒瞎鍊，有損無益。甚有誤信奸邪誆騙，圖速效而務旁門，以致蕩產傾家，閭里垂為鑒戒，親朋引為笑談。嗚呼！此豈道之誤人哉？人自昧道耳。

吾願有志者，多看丹經，字字細玩，不可忽略糢糊認過，徒識書名而已。更要虛心咨訪，不可因看過幾卷書，聽方士幾句話，遂自以為道在是、訣在是，而不屑求人也。惟理究其確然，訣求其了然，工夫盡其當然，成敗聽其自然，志毋頹然，事毋慢然，自有天然妙合而成丹之候也。

抱元子曰　丹道先貴認鉛，審其有氣無氣。市賣之凡鉛，皆無氣，不堪用者。即出山鉛，亦要看其氣之輕重。鉛中金氣愈重愈妙。金火燈云：「最上山澤，其中半金半水，三池採鍊，便立丹基。」**陳攖寧頂批**　半金半水者，即是一半銀一半鉛也。然此不易得也。其氣之輕者，乙觔水中或一兩，或數錢，亦可攢簇而用之。大旨云：「去癸存壬，覓得壬水。」黃白鏡云：「雖用鉛中壬水，不可取出水來。」詞若相殊，理惟互發。蓋壬藏癸中，若不鍊去癸水，使壬水出現，將來用何物與丁交？但去癸之時，又要存癸以保壬，故云「不可取出水來」，天台老人云「鍊金而欲其隱」是也。**陳攖寧頂批** 癸即是鉛，壬即是銀。雖然說將癸水鍊去，壬水方現，但癸水不可去盡。若將鉛鍊盡，把銀的原形顯露出來，則不合法。詩云：「鴻濛氣到金將出，又要將金水裏埋。先天可用不可見，一觔二兩是真材。」攢鉛之訣，盡於此矣。今有人將凡鉛炒成粉養之，謂之去癸留壬，真是無知妄作。

丹道次要認砂。有陰砂，有陽砂。陰砂即嫩砂、土鑾頭等，皆不堪用。惟陽砂鮮明似火，顆如箭頭榴子，內丁外丙，分明可愛。大旨云：「捨丙用丁覓得丁，火若不捨用分明。」採金時豈不丙丁混雜乎？但砂中丁火，性極飛揚。丙與丁本一物相依，其何以使丙火去而丁火獨存哉？黃白鏡云：「雖用砂中丁火，不可取出火來。」即此一訣，概世少知。今人有用鉛礦末養砂謂之鍊丁，殊爲妄作。朱癡伯云：「內丹先築基而後鍊己，外丹先鍊己而後築基。」詩云：「下手先求鍊己方，仙姝欲脫紫衣裳。渾身都被龍涎浸，水火窩中悶一場。」**陳攖寧頂批** 龍涎即是活水銀。用活水銀烹砂，而砂之硫氣即化，紅紫之色亦變。此之謂「丙去丁存」。丁即硃砂中之水銀。此訣實余師所不肯洩於人者，余註其書而洩之，無非代師闡揚道妙之意。且大旨云：「八兩壬水，配半觔丁火。」固是正配要訣，但火能尅金，火氣漸盛，水氣漸消，九池疊鍊，安能使八兩壬水長在耶？承志錄云：「六十四兩鉛用四九之機，七十二數合金水同宮之妙。」曰「機」曰「妙」，可見不是一個死數也。然亦有個自然之定數焉。不經師傳，終難猜度。

戊土論

戊土，陽土也，即先天父氣，寄居北海坎水之中，有氣無形，一名「水中金」，一名「坤中金」，一名「陽鉛」，是先天乾卦中爻飛入坤宮變而爲坎中一爻也。秋日中天云：「以坤交乾而有坎，坎爲乾之中男，唯其陰盛，故居北方，爲水之正位，月之象也。坎納六戊，故戊土爲陽土，即先天乾金，化生萬物皆本乎此。」然既曰「有氣無形」，果將何物採鍊出來，無形而使之有形哉？蓋先天父氣，乃鉛中壬水，獨與丁火配合。仙師妙用，取後天丁火配先天壬水，乃同類相親，陰陽相媾，片時之間，結就龍虎胞胎，以爲大丹之祖。

夫丁火，木火也，藏於硃砂之内，其名爲汞，其象屬龍，其卦爲離，寄居南方火位，故不曰青龍而曰赤龍，所謂「龍從火裏出」也；壬水，金水也，隱於黑鉛之中，其名爲銀，其象屬虎，其卦爲坎，寄居北方水位，故不曰白虎而曰黑虎，所謂「虎向水邊生」也。夫赤龍外陽而内陰，黑虎外陰而内陽，其交之有時，合之有法。明乾坤顛倒之機、陰陽配合之妙、五行生尅制化之理，於丹道其庶幾矣。

至於下手採金，只是驅龍就虎一訣。虎居西方，地四金數，今居北方，天一水數，四與一爲五；　龍列東方，天三木數，今列南方，地二火數，三與二爲五。　龍虎二家配合，所謂「二五之精，妙合而凝」也。　且以生尅言之。　用木火以採金，是水逢木死也。　壬水生在申，死在卯，故仙師用木中之火去尅水中之金，金情戀木，木性愛金，兩家相見，自然魂魄相拘，丁壬化而爲木，壬水死矣。　然不明爻銖配合，則陰陽有偏勝之患；　不識華池火候，則金花有枯散之虞。　每池鉛用六十四兩，須餘壬水半觔，砂配一百九十二銖，只是丁火八兩，所謂「水如數，火如數」也。**陳攖寧頂批**　一百九十二銖，即是八兩。

石函記云：　「二十四鼎始華池。」承志錄云：　「學者苟能引神水入華池，丹道已思過半矣。」且華池之景象，妙在片時，毫釐差錯，即不結胎。　內丹外丹，殊途一理，明乎內事得藥於片時間，即明於外事採金於頃刻候也。　漁莊錄云：　「用鉛只在片時間。」又曰：　「陽池只在片時間。」古人不余欺也。　黃白鏡云：　「太陽移在月明中。」或謂非池中景象。　誠參透丹經之秘旨哉！　採金歌不云「月出庚方」乎？　不云「池中一似半輪月，紅雲捧出天邊懸」乎？　邵子詩云：　「月到天心處，風來水面時。」此皆華池中真景象也。　認得真景象，方能採得潔白晃耀之辛金。　以此辛金作鼎，紅黑間投，採出庚金，形如金粟松花，光彩奪目。　承志錄云：　「五日三方文火足，發生金粟是松花。」陳師云：　「開看陰池別有由，瓊林玉樹結獅頭。」皆由辛變庚之象。

起初採辛時，是丁與壬合，黑中見白；繼而採庚時，是丙與辛合，白變爲黃。經云：「黑金鍊出白金來，白金鍊極金花開。」金花朵朵是黃金，水銀所化。旨哉！蓋辛金雖虎體，實汞龍所變。可知，庚金花蕋，無非昇出輕清之死水銀也。既得庚金八兩，必配兑母同鍊，餘陰方絕。琴火重光云：「八兩猶然帶癸，後天更要分爻。」承志錄云：「八兩先天配後天，玉池封蓋入爐煎。生寅庫戌須加慎，踵息凝和弗驟寒。」此言銀鉛同鍊，次第緩投，不可急促也。至於兑母，必先用鉛池種過，方可與真鉛配鍊，即金火燈云「洗淨凡銀，配對聖材」之意。蓋鉛非母不能消其陰，母非鉛不能生其陽，故池有陰陽之别。然鍊母鍊鉛，原非二事。鍊鉛所以死母，鍊母即所以枯鉛。洞天秘典云：「鉛鍊凡銀作藥王，池中消息細推詳。紅霞縹緲籠秋月，錦浪翻騰浴太陽。銀裏陰魔須戰退，鉛中黑魄令潛藏。若無採藥臨爐訣，百鍊千燒母不黃。」須知，鉛鍊銀是金逢水死也，銀鍊鉛是水逢金絕命也。

至於臨爐一訣，亦與採金同符，須看銀池之金花簇簇，即投以鉛花之紛紛，蓋之，自然「金火相含受，吞吐見真機」也。漁莊錄云：「周天火候要分明，不遇真師莫强行。三十六宫翻卦象，千金莫與俗人評。」此非言鍊母鍊鉛之訣乎？至於火候精微之旨，始終景象之殊，諸丹經雖未顯言明示，而未嘗不露端倪於筆墨間也。學人苟能潛心理會，即法證書，臨爐看火，自然節節不差。玩承志錄「五色雲中月吐華」之句，應恍然於鍊鉛之火候也。且註云「真鉛煎鍊之際，往往有異顏殊色，變換不同，而真母自始至終，未嘗不現一輪明月於雲中也」，則鍊鉛鍊母之火候，更昭然指出。又黃白指南車云：「銀鉛煎鍊良久，火候一到，造化自生。鉛不受溶，泛泛而上浮；銀吞氣足，隱隱而下沉。初若巨蠏之吐沫，畢如老蚌之含珠。」妙哉斯景，蔑以加矣。

然戊兑同鍊，兑吞戊陰，又必使之吐盡陰氣，陽花復生，方與戊配，自然你老我老矣。承志錄云：「銀中陽滿，自外赤而內黃；鉛內陰消，庶形剛而體壯。」火功到此，鉛如珊瑚體、琥珀形，而戊土成矣。至於母，必待三家相見，乃能外赤，此時不過內黃。指南車云：「戊土真鉛烹漸赤，兑金庶母鍊微黃。」又戊己歌云：「黃酥母，還不酥，戊土微陰也要除。再配生砂爲死己，暗進玄元世上無。」此言將戊土鍊至虛空粉碎，所謂「鍊鉛如粉又如塵」，而鍊鉛之事畢矣。

須知，藥不必限定觔兩，總以有餘補足爲妙；火不必拘乎成數，總以藥老丹熟爲宜。獨採金一節，不可過老，亦不可太嫩耳。至於池鼎之用，養鍊之間，處處俱要防危，在在皆有活法，是在明達之士善爲會悟耳。

抱元子曰　鍊戊首工在採金，論中云驅龍就虎者，以丁火本汞龍、壬水乃金虎也。可知採金不在黑鉛上投生砂，而在白金上投木汞也。論云：「華池景象，妙在片時。」雖曰「片時」，却在攢年攢月攢日之妙。

池中水枯金現，月出庚方，於是爻銖分投。進火謂之進陽。進一陽以象震，進二陽以象兌，進三陽以象乾。以年而論，是冬至到芒種也；以月而論，是初三至十五也；以日而論，是子時到巳時也。此時池中陽滿金浮，微風水面，攀轅乏術，立化雲煙耳。

須知陽極生陰，乃造化自然之理。於是坤爻遞進，進一陰以象巽，進二陰以象艮，進三陰以象坤。以年而喻，是夏至到大雪也；以月而喻，是十六至三十也；以日而喻，是午時至亥時也。此時池中陰極，又當生陽。循環旋轉，狀若河車。

胎雖結於片時，功難畢於頃刻。爻銖投備，退火寒爐，溫養日足，再行採鍊。天台老人云：「三十六時情復動，再尋雲雨又風光。」今之鍊士，或以砂投於鉛面之上，取砂皮石殼爲天硫；或以鉛鎔化而急入顆砂於內，謂之「凝結金漿成玉菓」；或以硬池化鉛，揭取鉛面之黃皮，云「採得真金果是金」。種種妄作，難以枚舉。

論云：「辛金作鼎，紅黑間投，採出庚金。」此時得力，却又在丙火，以丙與辛合也。故曰：「朱雀奮翼火燒空，真鉛海底金光噴。」採得庚金，尤須沐浴一翻。進火戰退陰魔，方配後天兑母。論云：「既得庚金八兩，必須配兑母同鍊。」人遂以爲庚八兩，兑亦八兩矣。豈知八兩乃丹道之成法，配上弦之數也。若概執八兩，則母氣無幾，異日養子，又將何以爲三換三乳之資哉？須知，此母係凡母，只可乳子補土。今人用凡銀爲真母，抱砂養汞，耗火亡財，何可勝道？論云：「鍊鉛如粉如塵，而鍊鉛之事畢矣。」今人每以成功之語用於起功之時，將鉛炒成粉養砂，謂之「鍊鉛如粉又如塵」。噫！仙師不知經多少工夫方得真鉛返粉，兹何若此之易乎？誠可笑矣。

己土論

己土，陰土也，先天母氣也，生長南方，居火之正位，日之象也，砂也，中藏有先天真火，故必借先天真水以制之，乃能住體成形，化而爲土。秋日中天云：「以乾交坤而有離，得坤之中爻，故名中女。離納六己，故己土爲陰土，一名先天坤土。」坤爲萬物之母，生子誕孫，不外乎此。故仙師先採水中之金，鍊成戊土，繼以戊土伏硫珠爲己土，則水能尅火，金能尅木，所謂「火逢金死，逢水絕命」也。

但硃砂中有丙火，有丁火。丙火屬陽，爲離火，方可與坎配；丁火屬陰，爲震木，不可與乾交也。採戊土時，先用丁火配壬水。今造己土，則獨宜取丙火。故仙師有舍丁用丙之訣焉。其用丙也，則以戊土伏取砂之硫氣；其舍丁也，則用水火鼎以昇提砂之硫液。洞天秘典云：「先制玄元降燥性，次須霜粉退緋衣。火從鼎底微微發，汞即騰騰頂上飛。」汞能昇，亦能降，若非桑霜上填，安能使之昇而不降哉！黄白指南車云：「八兩真鉛四兩砂，土爲田地火爲家。共爲細末重幃入，上把浮灰四指加。」又曰：「風爐烹得硫凝餅，水盞昇來汞繫盤。火約三香分小大，鑽從四指定炎寒。」須知，舍丁之時，即留丙之時。

晥液雖去，硫氣仍伏，承志錄云「活汞上昇晥在下，玉池翻取紫金泥」是也。但李師先養火而後昇陰，彭師先昇陰而後養火，不使汞癸滯土中，其訣尤妙。然溫養火候，不可太過，亦不可不及，務使寒煖得宜。承志錄云：「水火同歸混沌竅，夫妻從此結絲羅。溫存火候恩須足，寒煖調停性始和。」封養三朝，硫性馴服，然未經明爐插骨，硫氣終未實死。

彭師云：「浮陰昇盡方堪鍊，會見玲瓏癸丙丁。」夫癸丙丁，丹家第一味藥也，己土晥珠非見此藥不能實死，即養子時，亦離他不得。所謂「丙丁」者，以此物丁火鍊成，而又與丙合也；所謂「玲瓏癸」者，白紫清所云「八兩癸水鍊一兩，玲玲瓏瓏不敢講」之物也。試問今之鍊士，能識此乎？黃白指南車云：「取出鉛硫配聖銀，明爐插骨始成真。」所謂「火逢金死，逢水絕命」也。地元真訣云：「學人要識一爐紅，調燮三家合爲一。」皆同此意。

硫珠死定，再配生砂轉接，方得二土均平。蓋己土工夫，只是一昇一養，一鍊一接，添新續舊，以熟制生。次次俱要如法養鍊，不可苟簡。至於火功，則漸次而加，神氣漸次通靈，功完百日，戊己相平，然後大火分圭，以畢二土之事。琴火重光云：「黃房戊己密多時，陽滿應知別有期。四九時中勞丙叟，兩弦真氣始分離。」二土分圭之後，栽培博厚，新舊相平，配養俱照前日。承志錄云：「九九陽符鍊藥苗，祛陰靜養似前朝。但於匹配華池後，銅雀春深鎖二喬。」言己土培足，中女和少女同宮，互相交鍊，數足乾爻二百一十六策，方得陰盡陽純，二女俱老，己土返成紫粉，而鍊己事畢矣。兑金體變紅綾餅，而黄母酥矣。

指南車詠三家形色詩云：「紫泥光射海天東，金餅花團一朵紅。白玉粉成紅玉粉，千枝萬派盡朝宗。」丹家既有戊土真父、己土真母、黄酥乳母，則生子育孫，指日可待，開銅點鐵，反掌事耳。丹經云：「大丹只怕頭難倒，倒得頭來萬化生。」誠哉是言也。

愚觀漁莊先生與天台老人鍊己之法，較承志錄稍異。一則（陳攖寧註：承志）於戊土成後而伏硫氣，一則（陳攖寧註：漁莊）於辛金面上而媾生砂。其昇養俱同，栽接無異。不過漁莊效速而承志功緩耳。然辛金上媾砂，不免沾帶鉛陰，故效雖速而力薄（陳攖寧註：漁莊），不若戊土伏硫之清真，功雖緩而力厚也（陳攖寧註：承志）。至於華山之訣，只鍊戊土而並不事己土，專賴硇砂之力，將戊土鍊陽，乾汞死砂。但真硇難得，學人尚其從事於砂鉛，以造戊己之爲當耳。

抱元子曰　己土一名「天晄」，一名「神火」，全用砂之陽氣結成，其中不可有一點陰汞，故論云「舍丁用丙」。但「舍」「用」俱有秘訣，若不得訣，只取得砂皮石殼耳，安得云「天晼」「神火」乎？蓋戊土爲神水，非用此神水，必不能招攝神火而使之住體。今方士用生砂研末，稍加火硝，薰昇黃硫，謂之神火。又有焚桑木取桑灰入水澄醾，謂之取神火。都是夢中說夢。豈知造己之法，一昇汞，二養火，三鍊陽，四栽接，五分圭，六博厚，七鍊兑，八返粉。論中節節次次俱已詳說，毋庸再贅。但分圭後一節火符，尚未明言。承志錄云：「欲求神火如灰樣，須賴三朝水火周。金母同培紫赤色，方堪寄氣養新晼。」又須知前度接續之法。定要舊晼實死，燒試無煙，方可添接新砂，切不可以半死者貽返還之咎。此要訣也。

養子論

乾坤生六子，始成象於震。震爲長男，代乾行事，而老父老母退居閒位。丹道以戊土爲乾父，己土爲坤母，養出長子，而子復生子，戊己二土亦歸無用。故丹經云：「轉制分胎三次後，却嫌宗祖是囂塵。」經云：「一子蠢，二子拙，三子分剛决。」蓋三子屬少男艮象，退下二陰，一陽居上，分支點化，丹道已成。故易曰：「成言乎艮。」然養子之功，其煩瑣莫過於初子。

秋日中天云：「初置丹砂於坎宮，次置震宮，次徙離南，次置兑西。歷經四卦，以應天地四時成物之意。」所謂坎宮者，戊土也。先選陽砂配養，所以感金氣而立金胎，三五時周，方出錦幃。承志錄云：「三候洞房春意足，請歸東海啗龍涎。」所謂「次置丹砂於震宮」是也。以新養之砂，和汞入鼎烹煮，養龍之性，並於添龍之精。承志錄云：「養得性馴清澈骨。」洞天秘典云：「補得就中神氣足。」皆言此沐浴工夫耳。但陰鍊之後，非神水陽烹，不能死砂中之汞。

神水有二，唯白金鉛母乃丹家最要之端。承志錄云：「華池神水浴尤奇。」又曰：

「神水施爲豈離鉛。」學者知此一着，則道在是矣。然神水陽烹，非穿衣固體，恐損河車，兼防走失神氣。故洞天秘典云：「不將土固不爲玄。」即他日乳哺，亦不可赤身見母。由是華池浴後，重複固形，庶免剝落之患。黄衣護體，還資白芨之漿。秘典云：「先將土把砂身固，又要將砂種土中。」蓋以戊土穿衣，入己土温養，所謂「徙丹砂於離南」也。重闈抱養三七，始足南内恩情，燒試不損分毫，方送西鄰乳哺。秘典云：「無煙方可見慈親。」必如此，方無傷母之患。子出己土匱中，送與庶母懷抱，秋日中天云「置丹砂於兑西，施乳哺之功以足其氣」也。

兑母養砂三七，火四兩至半觔。三七之間，三換其乳，庶使兒體充足。乳足之後，復以金母神水浴之，祛除乳陰。此時兒身已健，更添沐浴精神。且令父屋重居，復邀祖宗眷顧。砂再入戊土温養七日，以補足三七之數。故承志錄云：「金公反復重幃臥，一樣恩多可鍊神。」言與真母庶母同足三七也。但靈兒重會鉛父，體氣恐滯餘陰，必假水火鼎陽烹九日，終加猛烈，蓋沸瓊漿，方爲退陰鍊陽。汞死堅凝，方可添精脱甲。

然卸甲脱衣，亦非易事，須用三男一女死中用活之術。先以活汞養三周，而後打火。承志錄云：「玉漿釜煖飲三杯。」蓋汞入骨而内體充長，自然外膚開折也。尤必陽池硼浴，俾沾土澤而去塵垢，方投乾鼎以脱緋衣。武火煅經一日，玉肌自解出矣。龍既脱胎，性必回復。須先昇提不盡之衣，復入親母慈幃恩養三七。秋日中天云「還從親母赴瑶池」，彭師云「深恩不異懷胎日」是也。但必以新硫穿衣，不使渾沾塵土，又須復依庶母，重乳三七，如前氣足，還求鍊陽，過關必資鉛祖。秋日中天云：「更從老祖關前過。」言復用戊土同鍊，方能誕子通神。故過關爲養子第一着。

至於龍衣天旒，既產靈苗，體弱身衰，必用己土真母培補其體，兑金庶母培補其氣。火候各周一七，功用始覺無雙。然後以舊硫伏新硫，而靈藥生矣。然真火非金不伏。欲接新旒，必假真金戊土伏性，性馴方可和靈旒配養。若欲老嫩同顔，必須金火轉鍊，一一俱如前制，步步不可留陰。洞天秘典云：「鍊得真鉛配聖旒，玉池封養到中秋。」所謂真鉛者，子銀也；聖旒者，龍衣天旒也。子銀既已過關，天旒氣已養足，以二者先封鍊一日，使魂魄互相制伏，則聖旒體變純陽，真鉛功完插骨，從此共入陰池，封鍊半月，水火兼行，日足開看，池中紅黃金紫，形如玉蕋金蓮，昇上靈英，包胎爲妙。以聖旒真鉛，作長生寶匱，抱養陽砂，自然靈異。此初轉之次第，亦九轉之規模也。

若養次子，則用玉蕋真鉛，抱養陽砂，七七火足，離母虚養，神稀乃發。脱胎硫母，俱同前制。承志錄云：「如前超脱須歸祖。」所謂「祖」，乃真母己土也。歸祖已後，神稀爲三子之包胎，聖旒作誕生之親母，而戊己不與焉。然三陽已滿，必嚴關度之防。四子重生，仍用超脱之力。由是一砂一汞轉接，看收白雪黃芽。五子六子相承，盡是金蠶玉笋。六陽候滿，慮一陰之復生。七轉防危，用雙金以並伐。八轉瓊琳繽紛。九轉龍光閃爍。須知眾子畢養，當謁祖以朝宗；次第傳靈，歸神室而虛養。水昇火降，三候功畢，而大丹成矣。

至若次次種砂，皆用烹澈肌骨之青鸞；轉轉立胎，當知抽去囂塵之祖氣。九子雖有脱與不脱之異，而子子皆當歸祖。以聖旈未嘗不同，使彼一氣相傳也。三七關後，砂汞方無返還之憂。開點分枝，功效皆在三轉以後。四子胎銀，可鑄神室。先以硫砂配養，而後離母虛養。九轉景象，難以一致，其功用亦各不同。若問辛金於長子陽烹後奚事，常用以死砂；兑母於七轉並伐還何施，惟留以補土。他如育子功夫，則始繁而終簡，火候則武少而文多。九子以後，鑄神室，養舍利，則無時不貴文火焉。

總之，丹道口訣，非楮管所能畢宣。只要二土能成，而諸子皆有象之法也。雖承志錄、漁莊錄、我度法藏諸書，養子功夫各有不一，然皆大同小異，總以超脱過關爲要。故黃白破愚云：「認得銀鉛，頭頭可做；超得砂汞，路路可通。」古仙師又云：「硃砂不過關，如隔萬重山。水銀不過渡，神仙迷了路。」皆所以絕其命而鍊其神也。識破此訣，點化在是，服食在是，而蓬山不遠矣。

抱元子曰　此論專言死顆子砂之法。砂須二三錢一粒者方妙，要純是光明熟透，色若珊瑚，形同瑪瑙，方可用。若稍有夾石在内，一經火養，石便破裂，其何以穿衣轉制乎？若不能得上妙品，則惟用漁莊、天台之法，以土死砂，以砂乾汞，接至九轉，神妙無殊。今之鍊士，有以鉛炒成枯粉而栽粒砂於内，砂盜鉛氣而黑，謂之「養得赤鳳變青鸞」，謬誤甚矣。至於論中藥物火候之號，最易迷人。或一物也，而有數名焉；或兩物也，而同一名焉。火功亦然。或同一事而名不同，或事不同而名則一。學者須融會而貫通之。至若銀鉛砂汞之性，務要一一審的。某物非某物不死，某藥非某藥不靈，皆有一定不移之理焉。子銀不可與庶母同鍊，防其亂倫；硫皮不可以明爐獨鍊，防其陽亢。火候有差，丹難入聖。施爲或誤，補救多方。總之，生者鍊其死，死者鍊其靈，藥即是火，火即是藥。丹道之訣，盡於是矣。

丹道內外辨

客有問於余曰：「吾聞敲爻歌云：『內丹成，外丹就。』可知神仙於道成後自能呵汞成銀、點石成金也。今子勵志玄學，乃不亟亟於性命，而孜孜於爐火，毋亦重外輕內、倒行逆施乎？」

吾笑而答曰：「吾之孜孜於爐火，固非輕重逆施。子實將內外錯解耳。吾今爲子詳辨之。敲爻歌所云『內丹成』者，指身內之藥成，玉液了性之功也；所云『外丹就』者，指身外之藥就，金液了命之道也。了性之功，靜悟由己，故曰『內丹』；了命之道，資助在人，故曰『外丹』。求道之士，必先內丹成，而鍊己功熟，方可求外丹就，而無焚身之危。古人云：『鍊己不熟，不敢還丹。』此之謂也。呂祖此歌『內』『外』二字，俱指性命內事而言，非言點化外丹也。蓋性命雙修之道，必須法財兼備。有財無法，財何所用？有法無財，法不能施。故丹經云：『安爐立鼎要法財，備辦法財買金液。』又曰：『欲求天上寶，須用世間財。』無奈入道之士貧者多而富者少，必須訪外護以相扶。然大道非數千金能了事，費財如此，天下幾見有若是不吝之人哉？故先聖因外護難得，不得已傳黃白一術，作後人求道之梯航。昔三丰祖師遇火龍先生，始聞金丹大道，因歎有法無財，憂形於色。重沐師恩，授以丹砂點化之術，遂遍訪外護，遇沈萬山同鍊爐火。可知祖師之鍊外丹，非鍊於道成之後也。自來藉丹財以助內修者，古今不乏其人。許旌陽鍊藥於西山，葛稚川採藥於勾漏，張虛靖丹成拔宅，彭太華丹就隱身。且古仙師以此道勒爲成書，著爲經典，垂教後世，亦難枚舉。如金藥秘訣、龍虎上經、金碧經、火蓮經、石函記、銅符鐵券、答論神丹、地元真訣、三元秘範、還金術、無極經諸書，皆言神丹者也；如金穀歌、明鏡匣經、金誥摘錦、漁莊錄、黃白鏡、天台十段錦、秋日中天、黃白破愚、洞天秘典、承志錄、地元正道、三種金蓮、黃白指南車、我度法藏、華山碑、黃白直指、金丹口訣、金火燈、火珠琳、鼻祖錄，皆言點化者也。然能造點化者，即能臻服食。諸書所載，豈皆古人誑言以誤後人者哉？又豈爲好利貪夫徒飽囊橐者哉？無非普度慈懷，欲使人人成道、個個歸真也！」

客曰：「誠如子言，則修道必法財兩備而後可也。彼靈龜野鶴，何嘗資乎法財，而亦能長生哉？」

曰：「人與物不同。龜鶴皆能胎息，且無嗜慾喪其真元，故能不死。若人於情竇開後，精氣神三寶，時時汨喪，喪盡則死。故有志修真者，必賴補養返還之法，求大藥於同類。所謂一陰一陽之道也。」

客曰：「何謂陰陽？」

曰：「天地一陰陽也，日月一陰陽也，男女一陰陽也，坎離一陰陽也。然陽中有真陰，陰中有真陽，採鍊得真陰真陽，方名内丹大藥。」

客曰：「弟子不敏，毫不解内修妙理，先生可爲愚生一洩乎？」

曰：「天律甚嚴，妄傳者殃，非故吝也。子既誠求，聊以大概言之。『古來大隱居廛市，周易屯言利建侯』，辨藥之地也；『五千四八歸黄道，遥指天邊月出庚』，藥生之時也；『袖裏青蛇膽氣雄，金丹全仗此成功』，採藥之劍也；『天根月窟常往來，且把乾坤顛倒顛』，求藥之功夫也；『黄婆姹女爲親眷，須要同心三個人』，修丹之伴侶也；『十月胎圓温養畢，神遊碧落駕青鸞』，丹成之顯象也。」

客悟曰：「然則道非孤修，必得同類輔佐。彼坤陰柔人，不亦難於行道乎？」

曰：「坤道原難。若修人元金丹，必夫婦雙修。先以夫成，婦而後可，其得丹結胎，又較乾道剛人甚易。外此，惟有靜養修性，功德圓滿，得天元服食，而始能冲舉也。」

客曰：「若得護法，只修内丹，可乎？」

曰：「外丹亦不可少。蓋内修道成，必須度同類以報德。或與以服食，或厚以贈别，全要外藥支持。或度祖親，或濟窮困，尤賴神丹靈效。故古來仙師講内事，未有不知外事者也。其丹經子書，言內者固多，言外者亦復不少。但好內修者，所失不過清靜，其患猶小；貪外鍊者不成，每至傾家，其害甚大。故世之談內者多，而談外者少耳。且黃白易於惑人，方流藉以行騙，此道之所以不可大揚於世也。」

客曰：「然則如之何乃可以得成此道哉？」

曰：「仙師云：『丹道一切因緣，莫非天授，半點不由人力。』苟非修德行善，以迓天庥，吾恐求之而不能得，得之而亦不能成。古人云：『若非積行修陰德，動有羣魔作障緣。』即此之謂也。」

客憮然爲謝，曰：「命之矣。」

急早回頭歌四闋

增字起，分字結。

急，急，花朝，月夕。百歲光陰真頃刻，說什麼奪利爭名，說甚麼建勳立業。君不見，多少富貴者，金玉滿華堂，功名美侯伯。在當時非不轟轟烈烈，又誰知轉瞬成空有何益。有何益，方歎這過客光陰難再得。勸世人，趁此珍惜尤宜急。

急早，急早，保精神，遠煩惱。莫把妻孥迷戀倒，誇什麼婦美妾嬌，誇甚麼子賢孫孝。君不見，多少癡迷漢，紅妝笑房中，嬌兒攜懷抱。在當時非不情投意好，又誰料大限來時各自了。各自了，方悔這妻孥誤我良非小。勸世人，趁此抛却莫嫌早。

急早回，急早回，休誇匠手，莫逞雄才。忙將名利關打開，自有個極樂世界，任我去來。烹龍虎，鍊藥材，丹房爐鼎早安排。火候周天運，功夫九轉推。丹成不羨世間財，無憂慮，絕悲哀，腰纏萬貫上天台。勸世人，猛省把心回。

急早回頭，急早回頭，窮通原有命，榮辱不自由。得則歡喜失則愁，一任他千謀百計，都非善籌。早醒悟，將身抽，訪個明師把道求。乾坤通一竅，性命妙雙修，長生住世永無憂。乘仙槎，泛斗牛，珠宮貝闕任遨遊。到此地，方算出人頭。

閒吟七律二首

丹道原來理不虛，水金一味妙無餘。因師指授纔知秘，得訣歸來復看書。苦志何妨貽訕笑，堅心豈敢厭居諸。仙經卷卷常咀嚼，自哂微軀類蠹魚。

髫齡慕道覓丹鉛，屈指光陰數十年。功行未能修八百，錢財業已浪三千。山逢絕處疑無路，士到窮時必有天。鐵棒久磨針可就，何愁無分作神仙。

外丹法匯錄

陳攖寧　鈔

太清金液神丹經

作六一泥法

礬石、戎鹽、滷鹹、礜石四物等分，燒之二十日止，復取左顧牡蠣、赤石脂、滑石，凡七物分等，視土釜大小自在令足以泥土釜耳。合治萬杵訖，置鐵器中，猛下火九日九夜，藥至赤，復治萬杵，下細篩，和以醇釅苦酒，令如泥，名曰「六一泥」。

治土釜法

取兩赤土釜，隨人作多少定其釜大小，以六一泥塗兩土釜表裏，皆令厚三分，日中曝之十日，期令乾燥。復取水銀九斤，鉛一斤，置土釜中，猛其火，從旦至日下晡，水銀鉛精俱出如黃金，名曰「玄黃」，一名「飛輕」，一名「飛流」。取好胡粉，鐵器中火熬之如金色，與玄黃等分，和以左味，治萬杵，令如泥，復更以塗中，上下兩釜內外各令厚三分，曝之十日，期乾，無令燥坼，輒以泥隨手護之。

錬神丹法

取越丹砂十斤，雄黄五斤，雌黄五斤，合治下篩，作之隨人多少，下可五斤，上可百斤，納土釜中，以六一泥密塗其際，令厚三分，曝之十日。又擣白瓦屑下細篩，又以苦酒、雄黄、牡蠣一斤，合擣二萬杵，令如泥，更泥固濟上，令厚三分，曝之十日，又燥，入火便坼，坼半髮者，神精去飛。若有細坼，更以六一泥塗之，密視之。先以釜置鐵鐃上令安，便以馬屎燒釜四邊，去五寸，然之九日九夜。無馬屎，稻米糠可用。又以火附九日九夜，當釜下九日九夜，又以火擁釜半腹九日九夜。凡三十六日，藥成也。寒之一日，發視丹砂，當飛著上釜如奔月墜星，雲彌九色，霜流煒燁；又如凝霜積雪，劍芒翠光，玄華八暢，羅光紛紜；其氣似紫華之見太陽，其色似青天之映景雲；重樓婉綖，英彩繁宛。乃取三年赤雄雞羽掃取之，名曰金液之華。若不成者，更燒如前法，又三十六日，合七十二日，無理不成也。要節：通火令以時，不可冷熱不均，則三十六日而成，不復重燒之也。釜坼則無神，服之無益。泥之小，令出三分乃佳。又覺猛其火增損之，以意度耳。初服如黍粟，服漸小豆。上士七日登仙，下士七十日昇仙，愚民無知，一年乃仙。若心至誠竭，齋盛理盡，其旦服如三刀圭匕，立飛仙矣。初服三刀圭，皆暫死半日許乃生，如眠覺狀也。既生後，但服如前粟米之法。已死者未三日，以神丹如小豆大一粒，發口含服立活。以一銖神丹投水銀一斤，合火即成黃金。

金液還丹法

用大銅筩開孔廣二寸半，令筩厚四分，高九寸，用二枚，以一枚爲蓋，蓋高五寸也。治熟礜石一斤，鉛丹半斤。夫礜石先以火燒二十日，擣萬杵，又入鐵器中猛火九日九夜，復萬杵，下細篩，調之以淳苦酒，和之如泥，塗銅筩裏，令上下俱厚四分，是第一塗也。修之法，即當復以雄黃、雌黃之精，以醇醯和，復塗兩筩裏，令厚半分，此第二塗也。第三次霜雪也，其上筩蓋亦如下筩法塗之，內霜雪不滿寸半，以內霜雪中，以上筩蓋之，輒代赭、瓦屑如之以塗其會，牢塗之，無令洩，洩則華汋飛去已，復塗之，宜於陰熇潔處，令其大乾，置於蘆葦火、馬通火中央，作鐵鐃，豎安之筩，令去地，高三寸，糠火亦佳也。火前後左右去筩皆三寸，不可不審詳精占之也。如是後至十日，更近左右前後各一寸。如是二十日，更近火去筩一寸。如是至三十日，左右前後火乃四面集之至於筩下，令半筩復如此至後五十日，名之黃金。黃金者，此中神藥可以成黃金也。如是又火二十日，合七十日，藥成，名曰赤金。所謂赤金者，此中神藥可成赤金也，名曰「金液還丹」。即欲作黃金，取還丹一銖，置一斤鉛中，即成真金矣。亦可先納鉛於器中，先火爲水，乃納刀圭赤藥於其器中，臨而觀之，五色輝華，紫雲亂映，名曰「紫金」，道之妙矣。其蓋上紫霜名曰「神丹」，以龍膏澤及棗膏和之，丸如大豆，平旦以井華水服之，日一丸，七十日六丁六甲諸神仙玉女皆來朝之。龍膏澤者，桑上露也。

取雄黄、雌黄精法

雄、雌黄各一斤，細擣，治萬杵，用六一泥固土釜以著其中，上下合之，即取新燒瓦屑合併和泥釜固濟，無令洩氣，曝令燥坼，又泥之。次以葦薪火三日三夕，燒釜底及左右也。或精華上著如霜雪，即成矣。若簫大，亦可作。

作霜雪法

取曾青、礜石、石硫黄、戎鹽、凝水石、代赭、水銀分等，七物合治萬杵，不須篩也。以醇醯和之令浥，浥剛淖自適，即置土釜中封泥，皆如泥神丹土釜法。又以代赭、白瓦屑塗固濟，不可令洩也。事事如封前者無異，以葦火炊其下及左右四日四夜，少猛之，神華霜雪上著，以三歲雄雞羽掃之，名曰「霜雪」，可加丹砂，雄、雌黄三種，並與前分等，合爲十種也。名曰：「金華凝霜雪。」如此，還丹之道畢矣。

太清石壁記

造水銀霜法

水銀一斤　鹽二斤　朴硝四兩　太陰玄精六兩　燉煌礬石一斤，絳礬亦得

先以錫置鐵鐺中猛火銷成水，别温水銀即令入錫中攪之，寫於地上，少時即凝白如銀，即以鹽二斤和錫擣之令碎，以馬尾羅重羅令盡，即以玄精末及礬石末和之，布置一依四神，唯以朴硝末覆上，用文多武少火七日夜，其霜如芙蓉生在上，甚可愛。取得霜，更研礬石五兩、朴硝五兩、玄精五兩，以上更别擣碎，準前布置，覆藉更飛，經數轉始好。

硃砂霜法

硃砂二斤，先研作末，細絹羅七遍　絳礬一兩半　黄礬一兩

並擣爲末，酢和，日曝七遍，唯鐺下周匝著硇砂及灰鹽爲坭，坭鐺即著鹽平滿鐺，看藥多少擣鹽中作椀形，著藥訖，以銅匙投之令實，即加鹽一重覆之，更加伏龍肝一重更以鹽上，更以朴硝蓋之，用匙按平，即以米酢噀之，即安上釜固濟。先用麻擣泥，泥擇掃及固

濟，上釜可厚三分，極牢密，漸加文火，經四日夜，即武火二日，極猛火一日，寒即以水濕固濟處，然後開用之。

藥物隱名

黃茯苓 烏頭俊。 **青神羽理** 空青。 **白素** 禹餘糧。 **青龍膏** 曾青。 **白虎腦** 水銀。 **玄武骨** 礬石。 **東野** 朴硝。 **單青** 青硝。 **朱雀**并**帝男精** 俱雄黃。 **黃龍肝** 錫丹。 **帝女髓** 生硃砂。 **赤帝流珠** 水銀。 **銀丹者** 黃丹。

青帝味 青鹽烏牛。 **五嶽脂** 五礬。 **西戎淳味** 戎鹽。 **石停脂** 石硫磺。 **金賊** 硇砂。 **石味** 石鹽。 **陰獸玄精** 烏牛糞汁。 **烏塩** 香附子。 **黑帝味** 黑鹽。 **陰龍肝** 狗血，一云「狗糞」。 **石味灰** 石灰。 **陰獸當門** 烏牛膽。 **夜光骨**并**虛銷薪** 麻蕡。 **越竈曲** 風煙。 **天器土** 釜。 **三變得蘇骨** 澤瀉。 **蠢蠕漿** 乳汁。 **義物** 銀。 **貓虎脂** 蝟脂。 **青牛落** 鹹土。 **昆濤粱** 原缺。 **黃烏首** 黃烏頭。 **黑龍膏** 黑狗糞。 **蚌精** 真珠。 **陰運** 水精。 **棲龍膏** 桑上露。 **青油羽** 空青。 **黃帝足** 鬱金根。 **尚丹田** 紫朴。 **天師會** 禹餘糧。 **四海分兒長生** 牡丹。 **屈原蘇** 胡同律。 **雷何督子** 滑石。 **西獸衣** 駝毛。 **四海分居** 牡蠣。 **白陰瓠汁** 狗膽。 **五色扶桑** 五色陽起石。 **帝流漿**并**定臺引針** 俱磁石。**絕陽** 白玉。**時空亭** 葱。**幾公白** 錫。**聖無知** 赤鹽。**陽華羽**釜蓋。**陽曹葶** 土釜。**六一泥** 六種作一泥。**五裁** 五穀芽。**大洞滑汁** 千尋子，一云「槐子」。

太清經天師口訣

消鉛錫爲水銀法

取鉛半斤，錫半斤，合鎔令相得，打令薄，削之如韭葉。取生竹筒，削去上表令薄如絹，以削成鉛錫納其中，加硝石二兩覆藉上下，尅竹節合際，令密漆其口，勿令洩氣，取三年醇大醋於甕中漬之，以蠟塞甕口，勿令洩氣，四十五日即成水銀。

造真珠水法

真珠一斤，加硝石末二兩，内鳥翮中，刻木塞兩頭漆骨垸之，亦可蠟密塞口，納華池中，亦可納醇苦酒中，封閉瓶口七日以外，數數看之，慎勿開鳥翮口，當向日看之成以否。其成水之時，狀如水銀在鳥翮中；若未成水，還納大醋中，以成水爲度。亦可雜取小珠消鍊之如上法，以瀉珠模中作大珠也。

造真珠法

取蚌蛤光明白淨者，打破擇取精白者率一斤，亦加硝石二兩，合擣細篩納鳥翮中，消之如上法，以瀉珠模中凝之成真珠。

黃帝九鼎神丹經訣

作赤土釜法

取雞肝赤土黃色者，細擣，絹篩，蒸之，從旦至日中，下之，取薄酒和之爲泥，擣令極熟，以作土釜。三合六枚者，正用數也。又別作三合六枚者，旁試乾與不乾之作也。隨藥多少，任意作之，通令厚五分許，陰乾三十日。小者容八九升，大者容一斗半，亦云厚三分，晒燒極令大乾，次用槲樹白皮三十斤細剉，以水三石煮之一日，去滓，煎取一升，其色赤黑，名曰「槲漆」。釜數若多，隨數若多少加增，塗土釜表裏，即堅勁不破，入火不裂。

造丹爐六一泥法

取東海左顧牡蠣三百斤，剝取肉，於大鐵臼中擣，絹篩，於盆中水澆如白飲狀，攪數百遍，停一宿，去下滓。先傾却水也，接取細淀曝乾，其下麤者，更擣篩如前法，納鐵器中加露竈上，木柴猛火燒之二十日，常與火同色，寒之一日，更以絹篩之，以百日藥池和之爲泥，以羊鬚筆染取以塗土釜表裏，次取特生礜石、礬石、滑石、赤石脂、戎鹽、鹵鹽各等分，合擣，不篩，亦燒之二十日，乃分取白牡蠣粉，合七種，醋和爲泥，以塗釜表裏。牡蠣粉可一百斤，此六種各用二斤。

中黄密固泥法

取好黄土如脂膩者，曝乾擣篩，水汰如作牡蠣粉法，曝乾，破之如梅李大，猛火燒之三日，令通赤如丹，畢，寒之，更擣篩三斤，納黄丹一斤，紙一斤，漬令爛，以酒和煮阿膠五斤，汁足以紙土爲泥，擣三千杵，於瓷器中蒸之半日，以塗六一泥上也。

泥丹釜法

取赤土釜，先以牡蠣泥泥其兩赤土釜表裏，表厚五分，裏厚三分，陰乾十日，令極燥。又次以六一泥塗之厚二分，表裏各厚五分也。據此則是六一泥塗裏不塗表也。

丹爐固濟法

納藥訖，先以六一泥塗兩釜口，乃合之，乃以六一泥塗外際，以漸增之，乾燥，復塗之令厚寸餘，務令堅密也。又以中黄神泥通塗，上厚六七分乃佳，封令釜形如覆盆，此形當正鵝卵形也。若不爲此，則六一泥得火力，其精皆散則裂，疏疏則丹精奔洩也。

所塗須泥極乾，乃可起火。若猶小濕，得熱即坼。亦可以屯泥別塗他物。如釜節度時作復剝其別試之釜，視之看其徹裏燥與不燥，亦可時試燒之以爲釜候也。此法最要，前陰乾，後須更曝之十日。已燒之者，訣須如是。瓦物雖經陰乾，數百日後，得火及必帶柔潤。令泥中有醋，彌是潤物，必須塗小釜數燒試之。

行泥法

先塗裏，乃泥外，別作欄格安處之，並爲尺度模樣，知其厚薄。若作圓，規之，取泥令調。當於欲乾未乾之時，恒以手摩將令就手乾，不得一直放乾，宜停置，停即拆開。若天雨陰，於屋中然火使煖，日數既有準限，不得待其自乾，則失期候。

和泥法

當令淖淖以羊鬚爲筆，取泥塗之，當以灰沐洗淨鬚，安管，做數枚用之。

狐剛子仙釜法

取南方赤黃土，澄沙，惡物令盡，調理使熟，剛柔得所，先作釜，令深七寸，廣一尺二寸，勿令際會不均，四周不等，厚一寸，上下一等，自餘丹釜，亦準此作大小，隨所藥多少，並一時作訖，著陰中乾一月，然後作陶爐，内釜著中，先文後武候也。稍微罷火，冷出之，置淨室，不得穢矣。其釜不燒，用時將息，稍難也。

狐剛子和釜泥法

紫石英、白石脂、牡蠣粉、白滑石各一斤，此是仙丹大藥釜也，各異擣，下篩，然後和陰獸玄精汁爲泥，各團之如雞子，暴乾，然壘爐燒之十日夜，火盡更蓋十日罷矣，冷便團，更納鐵臼中，各異擣，令粉細，以戎鹽下鹵鹹，以水和令浥浥，復和華池，煎爲泥，泥釜乾，更上之，每上率以一分爲度，三遍即罷也。土釜裏玄黄泥泥之，每泥一遍，厚只一分，最是神妙。常看視泥上，勿令有毛髮、開裂，謹固使密爲要耳。

九轉靈砂大丹資聖玄經

靈砂大丹真父母篇第一

取白上陽精（陳攖寧註：硫）四兩，太陽宮液（陳攖寧註：水銀）一十六兩，相和炒成青金，於臼中以柳杵研之爲末，入鼎中，上水下火，其火候在後篇。自寅時起火，至一伏時，可奪千年之造化。出爐紅色，屬南方丙丁火也，爲之赤烝，剉成塊子，如蓮子様，入稀布袋中，懸胎虛煮，鼎内用桑柴灰汁入硼砂、硇砂、青鹽、晉礬各三兩，煮一伏時，取出浴淨，日中晒乾，再用石腦油煮二時辰（陳攖寧頂批：煮藥無意思），取出浴淨，令乾，用白沙蜜逐塊於枯硼内滾過貼身，次取鉛白霜貼身，又用鉛黃華貼身爲黃色（陳攖寧頂批：貼身太多），將父母末一斤，取烏梅、瞿麥、麻黃、遠志四味等分，藥爲末，同炒令黃色，好苦酒拌匀，如蓮子栽養，每父母一斤，配合靈砂四兩，如法固濟，令乾，入爐，以萬錢灰覆藉於合子上，灰高二寸，養火七日足矣，其火候在後篇。爐冷取出，拒火黑色，將靈砂於大鍋中鎔成汁，用知母、巴豆、蓖麻、焰硝、海鹽，等分爲末，用紙包之，投於汁内。如此七遍，後用焰硝不住手拋之，則成清汁，其色皓然，此爲大丹會聚五行之首，始爲一轉，爲依母水銀銀也（陳攖寧頂批：依母水銀銀。）

靈砂大丹聖胎產生篇第二

將前養下依母汞銀一斤，急用剛剉爲末，用緊磁石攝去鐵末，擇光明者鏡面辰砂四兩，用銀合子一隻，先鋪依母汞銀末二兩於合，內栽砂一重，又鋪汞銀末一重，又栽一重，如此畢，將依母汞銀末四兩蓋頭，以赤石脂固濟縫，再用崑崙紙二指濶糊口縫一重，上用鹽泥一指厚，令乾，入灰池中，用鐵三脚坐上合子，以萬錢灰覆藉於合子上面，灰高二指許，以火養之，令火通紅，以香匙擁四邊灰蓋脚火，當中心以筯留一竅子，令通火炁，上以物蓋之，亦留一竅子，如前養蓮子，火候用文火二七日，後冷，輕手取出，以刀劈開合子，逐塊丹砂盡成至寶，拒火不折，去母汞銀末不用，只將丹砂入一鐵盒子中，內澆汞二兩，依前固濟口縫畢，入灰池內，如法依前火候養七日足，冷一宿取出，其汞自乾也。 如此七日一澆汞，澆至合滿，只得下火五兩，不可以上，如至合滿，以物打砂合子，取出物來，用刀子截下上面乾汞，或三五十兩，爲末，或槌碎入合子內，一依前法，固濟口縫令乾，入灰，空養火七日，後冷取出，先鍊其父母一兩而成汁，次徐下乾汞，亦和成清汁，傾入槽內，此方名爲真水銀銀**陳攖寧頂批** 真水銀銀也。

欲要水銀死，先須死水銀。 銀也，或將初取下乾汞砂二十兩，內取一斤，與粉霜拌金脚信砒砂二兩，同研極細，入一合子内，上用餘汞砂二兩蓋頭，如法依固濟口縫令乾，養火二七日，後爐取出，先將赤銀**陳攖寧頂批**　赤銀，大約是銅　八兩成汁，下熖硝半兩，撮取暈，令淨，再銷成汁，取前養下粉霜三兩，作四次下，用炭杖攪匀，傾入槽内，成上等换骨丹陽也。每赤銀八兩，入父母一兩二錢，爲定法也。其餘諸茅法，自有還性，此法最妙，永不還性，其真水銀銀，與茅相親，視其成功，不可具述。

靈砂大丹瑶池皓蓮篇第三

將前取下者丹砂及乾汞共十兩，入一合子，依前，七日澆汞三兩，如此澆至合滿，取出乾汞，依前法又空養七日，投母炻煅成至寶，取出上面丹砂及乾汞共十兩，澆汞。汞爲長生匱也，此第三轉止爲長生增轉數矣。　如增數則將有光明鏡面砂四兩，真金一斤**陳攖寧頂批**　金一斤太貴　爲末，栽前辰砂四兩，將真金末鋪蓋畢，上以瑶池皓蓮砂四兩爲末，用崑崙紙隔了次後蓋頭也。　如前法固濟口縫畢，入灰池養火三七日。　其火候在後篇。　爐冷一宿，取出丹砂塊，塊盡成金也。　將淨合子，取出金丹砂，入一合子内，依前，七日一澆汞二兩，澆至合滿，取出面上乾汞，用藥別養，投母將皓蓮砂炻煅成寶，名曰「换骨丹陽砂」，其功甚大，此方名爲「金穀種」也。

靈砂大丹仙掌月明池篇第四

將金穀種砂入在合子内，澆汞三兩，如法依前固濟口縫畢，入灰池中養火，七日一澆汞，澆至合滿，取上面乾汞淡黄色，下面丹砂及乾汞共十四兩爲母，澆汞，汞爲長生金匱也。將淡金汞爲末，入一淨合子中，用膽礬、青鹽、代赭石等分爲末鋪底蓋頭，依前固濟口縫，養火三七日足，赤上色紫磨黄金也。如將金穀種砂爲末澆汞，可朝種暮收，則成庚也，轉製則增成紫府金蓮，其功甚佳，可生金白二筭，方可點化用也。

靈砂大丹紫府金蓮篇第五

將金穀種十四兩入一合子内，如要金筭，用膽礬煮汞澆之，即成金筭也；如要玉筭，以晉礬煮汞澆之，乃成玉筭也。如不煮汞澆之，七日成淡金，氣未足耳。澆之滿合，取出，依前栽上乾汞金末，養成投母坯，銷成上色黄金，乃爲出世之寶。取紫府金蓮子砂十兩爲母，再澆，造化氣足，則澆汞如湧泉矣。

靈砂大丹紫府湧泉篇第六

將紫府金蓮砂十兩入合子中，澆汞三兩，朝養暮收也。又澆至滿合，取出，將乾汞金不養便可鍊製，及可造化，五金盡歸真矣。將下面砂汞十兩增及七返，則爲七返金液通玄至妙幽微也。

靈砂大丹七返金液還丹篇第七

將湧泉金砂四兩，不用汞澆之，只用丹砂爲細末，入一淨合中，如法固濟，養火七日，後冷，取出，於井中出火毒七日，研爲細末，以此棗肉和圓，人死三日服一粒即活，點化五金皆成至寶。

靈砂大丹歸元靈液金丹篇第八

將金液還丹爲末，入一淨合子內，如法固養八八日，爐冷，取出，入地七尺埋之出火毒。七日畢，取出，研細末，以棗肉爲丸，久服長生。

靈砂大丹九轉金丹篇第九

將靈液還丹爲末，入一淨合子內，如法固濟，養火九九日，爐冷，取出，入地一丈去火毒，二七日取出爲末，棗肉爲丸，如綠豆大，服之百粒，則白日飛昇。若將黑鉛十斤於鍋内，猛火煎銷三沸，投九轉之華一銖，須臾立成白銀九斤；將汞十斤於鐵鍋中煎之，下膽礬十兩，以火煎之數沸，下九轉之華五銖，須臾立成黃庚九斤。此九轉靈砂之驗也。

靈砂大丹二炁武火之候

凡作二炁砂，從寅時下火四兩，卯時六兩，辰時半斤，如此續，續一斤、二斤、三斤，用去皮淨炭二十四斤即止，加火添湯，至申酉之間，其砂自結，後養火三時辰，炭絕水住，令火自消，提瓶出爐，候冷，取堅硬者爲妙。如炡慢，以青金再煅之。此乃造二炁砂武火之候也。

靈砂大丹父母文火之候

凡養靈砂火候者，第一日頂火二兩；第二日頂火三兩；第三日頂火四兩；第四日頂火五兩，邊火四兩，共計七兩；五日頂火四兩，邊火各一兩，共計下火半斤，不可以上加之，恐傷母也；六日、七日同子午卯酉時下火，一得用半斤，添新退舊。此乃真父母文火之候也。

凡養靈砂火候者，第一日頂火一兩，第二日亦一兩。第三日加邊火一兩半，通得火二兩半。將一兩半熟火分作四條，約離合子三指許，插於四邊，用虛草灰隔了其傍火，勿令灰都蓋了。若蓋了，恐其火死。其火死，則急用鈐子提出，仍依元分兩便換之。第四日加傍火三兩，分作八條，亦離合子三指許，插，又用虛草灰蓋隔了合子頂上，以灰高三指許。下熟火八錢，以灰蓋之一寸厚，中心留火眼一竅，取其不死。勿令太速，如火太速，則傷其母也。第五日，得傍火五兩，其炭分作十二條，周圍簇遍，插，離合子約兩指半，依前用虛草灰隔了，用頂火一兩，共得六兩火。如灰爐無火，合子頂上無炭，急用鐵匙打起灰以手試之。如灰池泥皮火熱，略待之添火，依前分兩，再添之。至六日、七日，合得火半斤，同子午卯酉四時添新退舊火也。已上七日乃真父母文火之候也。

累砂陰製硫黃法 陳攖寧頂批 陰製，即是水煮。

硫黃半斤　左味半斤　桑灰汁一升

右將硫黃研細，傾入竹筒內，醋灰汁煮三個時辰。陳攖寧按 左味，即淳醯大酢。

陰製水銀法

水銀一斤　醋一升　桑灰汁二升　硼、硇各二兩　白礬、綠礬、黃礬、雞糞礬、柳絮礬以上各

二錢　信一錢

右將上藥研細，同入砂鍋內，用醋灰汁煮五個時辰，却將硫黄與水銀各自控乾，方炒青金，仍將藥汁熬成膏子。陳攖寧按　煮法多事。

炒青金法

先將硫黄研細，鐵銚内鎔成汁，後入水銀一處，用鐵匙攪之，如有鬼燄，洒投上所熬者醋膏子攪之微轉，於好紙上裹之五層，紙上用生絹裹，於濕土内埋之兩三個時辰，冷如鐵硬，又擣碎，入鼎，上水下火，從慢至緊，打八個時辰，爲二氣碎砂，下木炭二十四斤。

陰製二氣砂法

黄礬、白礬、青鹽、川椒、地榆、細辛、巴豆、硇砂各二錢　明信一錢　烏頭二錢　菖蒲二錢

硼砂二錢　桑灰汁三升　醋一升

右將上藥擣細，入砂鍋內，二氣蓮子入絹袋，懸胎煮一伏時爲度，後入匱養。陳攖寧按　煮藥太雜。

太上衛靈神化九轉丹砂法

第一轉　化丹砂成水銀

光明砂十六兩，辰、錦州出者良　黃礬十二兩，用瓜州者

先將黃礬炒過，研成末，布於爐子底。次研硃砂末，安在黃末向上，以銀匕子均攤令得所了向上，亦用黃礬末覆蓋之，令厚二分，却以一小瓶子蓋之。後用六一泥固濟如法，須令堅密，勿使有洩氣之處。候泥乾了，擇日用子時鐵釘三個安向上了，然後下火，初先文火養之一日一夜，訖後，漸漸加武火燒之，經兩日夜，候藥爐通赤了便止火，候藥爐子冷了，細細開爐看之，其硃砂盡化成水銀，以物掃之，收取。如飛未盡者，須再準前，用黃礬末覆於爐子內，如法固濟，更加武火重飛之一兩日間，以候飛盡水銀爲度，名曰「河上姹女」也。

第二轉　將水銀變丹砂

取前抽飛水銀，每十兩配石亭脂三兩。先取石亭脂研成粉，入器中以炭火鎔之，候硫

黄成汁，然後細細將水銀投入硫黄汁内，以鐵筯急攪之令得所，其水銀與硫黄總結定成青砂子，取出安爐内，依前覆蓋定，用六一泥如法固濟令牢密，候其泥乾無洩氣處，仍在於三個釘上先下文火，養一伏時，却漸漸加武火燒之兩日夜，訖，候爐子冷，開爐看之，其水銀已化成硃砂，光明可愛。參同契曰「丹砂木精，得金乃併」，言丹砂本是金體，須得金養之。

第三轉　却化丹砂成水銀

取前燒了丹砂，爛研如粉，如第一轉法飛之，復成水銀，名「太陽流珠」。

陳攖寧按　四轉以後未錄。

九轉靈砂大丹

陳攖寧按　此篇尚純粹。

炒靈砂法

水銀一斤　硫黃四兩

右用新鐵鍋一口陳攖寧按　用瓦器爲妙，鏟子用竹子做，用水洗淨；火盆一個。放小磚三塊，架起鐵鍋，鍋底用少炭火逼熱，先用黃蠟擦令鍋潤；鐵鏟亦烘熱，用蠟擦潤。先下硫黃熔成汁，次下水銀。兩人對坐，鉗住鍋邊，用鐵鏟不住手炒。如有黃煙起時，即用米醋洒之，煙止再炒。如結成，取下用柳木槌擂碎，或入碾碾細，再擡上鍋，炒令青磚色爲度。約炒三個時辰，炒得熟時，昇砂堅固。如此鏟出，入碾，細羅過起，名「青金頭末」。

造爐法

先用土磚十餘個，砌爐一座，高二尺，上圓下方，著底用木板，爐中約盛炭五斤爲準，爐內高一尺五寸，下用鐵條七根作隔眼，隔下高五寸，作風門，泥之候乾方用。

鑄鼎法

用生鐵造水火鼎一付，通高一尺二寸。火鼎高八寸，内子口徑過五寸，邊連子口濶一尺，火鼎底厚五分。水鼎高四寸，水鼎底厚二分。水火鼎子口縫要合得。

昇砂法

先用大鍋，内入黃泥並水，就放水火鼎在鍋内煮滾，約三個時辰。取出，再以水洗淨，烘乾，用米醋磨墨，以筆蘸墨塗火鼎内並水鼎底，再用石斛並艾葉燒煙薰之，隔鐵氣候冷放穩。却將前青金頭末以匙輕挑入火鼎中，令虛，不可滿，約離水鼎底三指爲準。醋調赤石脂封子口，坐上水鼎，按實。用鐵線串水火鼎上下眼，緊紮定，外子口再用六乙鹽泥固濟一寸厚。用麤鐵線條作鈎長一尺五寸，火鼎邊眼内鈎起，上用麻索一條繫定，懸掛於爐上。爐内先以成塊硬炭五斤排砌於内，下用引火四兩，擇日早晨起火，以扇去風口搧之。先文後武，火炭軟加一二斤。水鼎内先下溫湯八分滾，時常以冷水抽添，不要滾出，漸漸放鼎近火，看爐内火盡爲度，約有半日。隔一夜，寒爐取出。**陳攖寧頂批** 一日。 鏟去土鑿開，其靈砂昇於水鼎底**陳攖寧頂批** 此砂可成寶，取起包收。**陳攖寧頂批** 一轉伏火靈砂，即此法。

煮砂法

將靈砂一斤或二斤，鑿成大黃豆塊，以淨細麻布縫一長袋，將砂塊傾入袋中，線紮住袋口，不要動。用大磁瓶一個，約盛五升湯者，將桑柴不問多少，於淨處燒灰，放冷。量灰一斗，籮底先用夏布一層，放上灰，先用滚湯澆濕，每灰一斗，用冷水二斗，旋傾入籮内淋之，寧水少些，汁稠爲妙。取汁傾入瓶中，放在火盆内，用炭火煨滚。却將前袋中砂懸掛在瓶内居中，謂之「懸胎」。用慢火煨如蟹眼滚，煮七伏時。陳攖寧頂批：七日。日足，再滚二三滚，取出晒乾，謂之「困法」。

做銀珠子法

約用花銀二十兩，再用黑鉛灰池煎過十分淨徹，入甘鍋内化成汁。用新竹梢一把，連葉紮成箒，横放在大磁缸内，將銀汁細傾於箒上急擺動，其銀成粟米細珠。如大者，再化再傾，揀取細珠用更好。

一轉初真丹法

用生鐵鑄合子一個，或熟鐵打盒子亦可。一盒約盛銀珠二十兩。先用白善土、米醋調塗盒子内一分厚，日乾，却將前銀珠子一斤，並煮過靈砂四兩，每用四一之數，如栽蓮子法，層間滿合，以崑崙紙蓋定。盒頂不滿，用乾碎黄土填實。用醋調赤石脂封子口，蓋住，用鐵線十字紥定合子，外用紙筋鹽泥通固，約半指厚，日乾，入灰缸内養火。又用小口缸一個，約盛灰九斗者，用黄土先鋪缸底三寸厚。用三脚小鐵架一個，高五寸，三脚仰放向上，將丹合放於三脚上頂住，不要側動，以紙錢灰埋之。再用大鐵架罩定，其架圈上，以鐵線串成隔眼，其隔離丹合一指，隔上放火。再用五寸灰蓋火，卯酉抽添，二七伏時。**陳攖寧頂批**　十四日。二三四五六七八皆是兩數。候日足冷定取出，開合其砂如新鐵色，將一塊用刀劈開，中間無紅色，其丹熟。如有些紅色，是換火不勻，不可動，再固濟，依前養三伏時，其火比前火加些，無不成矣。揀出銀珠，分開。如要此砂見寶，用砂一兩，黑鉛一兩，入灰池對煎過，每兩砂得真銀八錢，惜之留轉大藥。

二轉正陽丹法

用初真丹十六兩作匱，依前用桑汁煮過靈砂一斤。先用四兩，同丹匱依前入合，如種蓮子法。四一之數，層間滿盒，依前固濟，日乾，入灰缸内三脚上，依前罩定，依前下火，卯酉抽添，一七伏時。二三四五六七八皆用兩數。日足候冷取出，其新砂與丹匱一般。揀出新砂，包起，再用煮砂四兩，依前入匱中，依前封固，入缸內養之。如此四次，共得一斤新砂。如要試丹成熟，依前用黑鉛煎之，每兩砂得銀八錢。如不煎用，留作丹匱，轉丹藥，舊匱任意用之。

陳攖寧頂批　銀六十四兩可養初真丹十六兩，若分作兩次養，則三十二兩可養八兩。

三轉絕真丹法

用正陽丹一十六兩，作匱。用不曾煮的靈砂一十二兩，同透明辰砂四兩，共入麻布袋中，入桑灰汁瓶內，依前煮七伏時。候日足一滾取出，日乾，同入研細羅過，用玉女漿即楮樹汁也爲劑，按實，晒乾，鑿成大黃豆塊。先用膽礬四錢、硫黃一錢研細，同入銚內炒令紫色，研爲細末，却將鑿成塊砂四兩，逐塊用熟米醋蘸過，去膽礬、硫黃末中滾之，名「貼身藥」。與丹匱依前四一之數，層間滿盒固濟，入灰缸內三脚上，依前罩定，依前下火，卯酉抽添二七伏時。二三四五六七八皆兩數。日足候冷取出，開合其砂亦如新鐵色，母子一般，揀出。如此四次，共收得新砂一斤。如見寶，依前試之，舊母任意用之。

四轉妙靈丹法

右用絕真丹一十六兩，槌碎。用磁合一個，揩淨。將碎砂鋪於合內。用閉口川椒一兩，淨水三碗，於磁器中煮至二碗，去柤乾淨，却傾入水銀四兩煮滾，約一時候，取下，急傾去椒汁，令乾，將水銀乘熱傾入合內砂中。醋調赤石脂封子口，鐵線紮定，合外以紙筋鹽泥通固，日乾。合底下用水湯瓶一個，約盛水五升，瓶口與合底一般恰好。瓶中先盛滾湯七分，坐上丹合，鹽泥固濟口縫，不用三脚，入缸內，灰埋之，罩定，養三伏時，卯酉抽添，四五六兩數。日足寒爐取出開合，看其水銀不見，秤砂有斤兩，不要動，再依前煎水銀四兩，依前澆入合內砂中，封子口紮定，依前固濟，日乾，水瓶內添滾湯七分，坐上丹合，固口縫，入缸內。依前下火，依前抽添三伏時，候冷取出，開合微見些峯角，秤砂亦有斤兩。如此四次，共澆水銀一斤，且住休動，固法如前，水瓶內湯添滿，坐上合，依前封固子口，不澆水銀，虛養五伏時，卯酉抽添，四五六七八兩數。日足冷取出開合，其丹湧起，如瓊林玉樹，方可採摘白芽子。如此澆採無窮也。

五轉水仙丹法

用妙靈丹内採丹芽一斤，要淨，不可犯雜，鋪於淨磁合内。好珠汞半斤，就傾入合内芽中，依前封固，子口紮定。合下用湯瓶，依前封固，入灰缸内，不用罩，其火四方插養，五伏時，四五六七八兩數。日足候冷取出，開合其丹峯巒湧起，休動，依前再澆水銀，依前固養。如滿合，用剪下分開。如要成寶，以河水並乳香少許，煮一伏時，入甘鍋内熔成至寶，任用之。至此不用鉛煎，自體成寶矣。

六轉通玄丹法

用水仙丹取四兩，依前用河水並乳香煮過，熔成寶，打造室合，三兩做底，一兩做蓋，口縫彌密，恰好盛葉雌、透雄、倭黄、紫硇各一兩，皆用精妙者，同研細裝於合内。醋調赤石脂封子口，放於前磁合内居中，却將水仙丹芽子鋪蓋。再固磁盒子口紮定，不用外固，入灰缸内，三脚上灰埋罩定，隔上放火，卯酉抽添，三七伏時，二三四五六七八皆兩數。日足候冷取出，開合去鋪，蓋其室合與三黄一等紫紅。將黄一小塊試銀成庚，通赤爲度。如上面赤下淡，其丹未熟。如透底赤，方可點化，留轉丹藥。

七轉寶神丹法

用不煮靈砂六兩，生雄黄二兩，用前養過三黄四兩，留一兩蓋面，餘一處研匀，入磁合内。留丹一兩，亦研細蓋面。以醋調赤石脂固子口，鐵線十字紮定，合外再以紙筋鹽泥通固，日乾，入灰缸内，三脚上灰埋之，罩定，隔上放火，五七伏時，卯酉抽添，一二三四五六七八兩數。候日足再加火三斤，四方插煅。候冷取出試之，將汞五兩入建盞内，以丹末一錢摻之，下用小火逼汞，將却好盞蓋定，醋紙封子口，候作聲。聲絶去盞，其汞成一塊紫庚。再入甘鍋内化成金寶，留轉大藥。舊匱任用之。

八轉神寶丹法

右用寶神丹七兩，留二兩塗頭，用硫黄汞對昇的靈砂五兩，雌、雄、硫、珠各一兩，並研細入合，留丹二兩，亦研細，蓋於面上，固濟，日乾，入灰缸内，三脚上，卯酉抽添，七七伏時，一二三四五六七八兩數。日足候冷開合，成一塊，紫色射目，光彩可愛，可種金芽，變轉任用，留轉大藥。

九轉登真丹法

右用神寶丹六十兩，二八靈砂三十兩，一處研勻，用烏驢乳汁和爲劑，却摘取金芽二斤，熔成寶，打造金神室合，恰好盛衆丹藥在内，令滿，醋調赤石脂封子口。復鑄一銅合一個，比度大小，恰好入室合居中，四邊各寬一指。右用鉛丹、礬石各另用器盛之，五斤炭火煅過，同研細末，殺埋芽合，鋪蓋要勻。須固濟銅合，不用外固，入灰池。右擇卜壇場，按方位擇日時下火，卯酉抽添，七七伏時。依前火數日足，就加火三斤，四方插煅。候冷盡取合子，去銅合，以黄芽丹合盛大丹於壇上，掘地深五尺，埋五十日取出，用油紙裹三五重，再以布帛包三五層，淨麻索攜墜井中五十日至底取出爲細末，以黄精自然汁，或玉女汁亦可，丸如雞頭子大，候乾，再入金室合内封子口，灰缸内三脚上下火一七伏時，卯酉抽添，一二三四五六七八兩數。日足候冷取出合，試丹一粒，投入冷水中，其水隨丹滾如湯。以汞一斤入建盞内，投丹一粒，恰好盞蓋定，醋紙搭口縫，以小火逼汞，如秋蟬之聲。聲絕去盞，汞已成上色紫寶，熔之紫暈爍人。略。

澆淋法

用恰好磁合一個，將初真丹一斤，先用長流水於磁器内，慢火煮浴一時，微滾取出，日乾，鋪於合内。却用川椒一兩，多揀閉口者好，以磁瓶内用淨水三碗煎至二碗，去柤却傾入水銀四兩，再煮一時，急去椒湯，用紙拭乾，將淨水銀乘熱傾入盒内丹中，用崑崙紙蓋定，又用土塊填滿，依前固濟，日乾。合下用水湯瓶一個，瓶口與合底恰好，其瓶盛水三升者，瓶内先下滾湯七分，瓶口用鹽泥一條圈住，將盒坐在鹽泥上，塗固口縫，入灰缸内。不用下三脚，只罩定，用頂火養三伏時，卯酉抽添四五六兩數日足，候冷取出。開盒看時，不見其水銀，盡入砂中，秤斤兩方有。不要動，依前再澆，固濟。如此四次，每次添湯瓶七分爲準，乘熱坐上盒子爲妙。四次後用虛養一次。虛養時，水瓶内添湯滿，其盒依前封固，坐在湯瓶上，不用罩，四邊插火，養五伏時，卯酉抽添，四五六七八兩數。日足，候冷取出，開盒看方可摘些芽，放炭火上試熔，看冷成珠不折方好。有走折，再虛養一次。如要成寶，不用鉛煎，用甘鍋化成寶。如要轉澆盒滿分之，依前四一之數澆養，每四次用一虛養，試看成寶，方可再澆。如芽嫩，切不可澆淋，依前再虛養，務要成珠，方可轉澆去。

九轉青金靈砂丹

一轉伏火靈砂

陳攖寧按　此法與前九轉靈砂大丹中之昇砂法相同，不另錄。

二轉重遊丹

右將伏火靈砂研細，先用硫黃四兩化開，次傾前砂末同炒成紅紫色。有火起，以醋洒之。候冷取出研細，依前入鼎，封固入爐，炭五斤，起火換水候一伏時，寒爐，開鼎，其砂昇於水鼎下，取出轉丹藥。火鼎中有些灰，却是前轉硫黃以成真死硫灰，收起能治痼疾冷病。

三轉紫霞丹

陳攖寧按　以重遊丹研細，用硫黃三兩入鍋鎔成汁，次下丹末，其法如二轉。

四轉

陳攖寧按　用硫黃三兩，法同前。

五轉

陳攖寧按　用硫黃二兩，法同前。

六轉

陳攖寧按　用硫黃二兩，法同前。

七轉還返丹

陳攖寧按　用硫黃一兩五錢，法同前。

到此丹藥不飛起，須用橐籥催火。其籥用紙做成，似銀匠用的風袋一般，去爐風門口用之。藥鼎中作聲，不要懼，一伏時寒爐取出再轉。

八轉

陳攖寧按 用硫黃一兩五錢，法同七轉。

九轉真陽丹

陳攖寧按 用硫黃一兩，法同前。

寒爐開鼎，其丹四起，鼎中如銀碗相似，鑿出打碎，入磁瓶內埋土中七伏時出火毒，候日足，取出乳細，用烏驢汁丸如小梧桐子大，用紅棗七個泡湯，早晨吞三粒。無病少壯人不可服之。**陳攖寧按** 有病之人亦不可服，豈可以命試藥？

玉洞大神丹砂真要訣

清字函第七册

第一品　辨丹砂訣

上品光明砂，出辰、錦山石之中，白交石床之上，十二枚爲一座，生色如未開紅蓮花，光明耀日。亦有九枚一座者。若七枚、五枚者，爲次。每座當中有一大者，可重十餘兩；四面小者，亦重八九兩、六七兩。於座四面，亦有雜砂一二斗，抱硃砂藏於其中。揀得芙蓉頭成顆者，夜安紅絹上光明通徹者，亦入上品。又有如馬牙，或外白浮光明者，是上品馬牙砂；有如雲母白光者，是中品馬牙砂。其次，有圓長似笋生而紅紫者，亦是上品紫靈砂也；又有如石片稜角生而青光者，是下品紫靈砂也。如交、桂所出，但是座生及打石得者，形似芙蓉，頭面光明者，亦入上品；如顆粒，或三五枚重一兩，通明者，爲中品；片段明徹者，爲下品。如衡、郜所出，總是紫砂，打砂石中而得紅光者，亦是下品之砂。如磎砂石顆粒或通明者，伏鍊服之，只去世疾耳。如得座生最上品中心主君砂一枚，伏餌之，可輕舉成上仙矣。

第二品　丹砂陰陽伏制及火候飛伏訣

本經云：「陽精，火也；　陰精，水也。」丹砂是陽精，而須陰制者，水石鹽、馬牙硝是也。如辰、錦光明砂一斤，制之用石鹽六兩、馬牙硝六兩；　次光明砂一斤，可用石鹽、馬牙硝各四兩；　白馬牙砂，可用石鹽、馬牙硝各三兩；　紫靈砂一斤，可用鹽、硝各二兩；如溪土雜色砂，力小，可用石鹽制之。石鹽及馬牙硝若用制伏，須火燒令通赤可用之。石鹽先須三度鼓成汁，了然可入。用其光明砂大者，須打碎如豇豆大小，於土釜中先下馬牙硝和水，武火晝夜煮一百日，不得絕火，日滿淘取砂，於鼎中用陰陽火候飛伏。其鼎可受一升者，一曰金鼎，二曰銀鼎，三曰銅鼎，四曰鐵鼎，五曰土鼎。土鼎者，瓷器是也。入砂於鼎中，用火候飛伏，五日爲一候，三候爲一氣，用八氣二十四候一百二十日而砂伏矣。每一候飛伏，是五日内，四日用坎卦，一日用離卦。坎卦者，水煮四日；　離卦者，陽火飛之一日。初起陽火飛時，用炭七兩，常令鼎下有熟火七兩，不得增減。每一轉飛時，即增炭一兩，忽有汞及霜和黑氣出，即和砂於鉢中，以玉鎚輕手研，令汞入盡，依前安鼎中，用火候飛伏至十二轉。後每一轉增炭二兩，即入石鹽一分。有汞霜可二三兩已上。飛上其霜，靈光鼎中藥色漸欲紫赤。至二十轉，加炭三兩，其鼎中有半兩已下汞霜飛出，在鼎蓋上，其霜堅硬如金片，黃白光明。至二十四轉，候足，其砂伏矣，而色紅黑光明。可觀其伏砂，更用鹽花裹之，重以黃土泥緊泥封固入陽爐，武火逼之三十日了。輕飛者，可抽服之。一兩可三百六十粒，用棗肉丸之，須出火毒。沉重者，即鼓金成金汁而爲寶也。

第三品　伏火丹砂可鎔鼓見寶訣

每一兩伏了砂，可用鹽花半兩先置於鍋底，次入砂於上，待鍋藥通赤，便鼓之千下，而金汁流下，名曰「白金」。面上黃明潤澤，色光不可論也。

第四品　化寶生砂訣

將丹砂中白銀打作四兩鍋子，安通油瓷瓶中，其瓶可受一升者，寶鍋子可瓶子底大小也。用北庭砂一兩，石鹽一兩，麒麟蝎一分，三物和研，以苦酒調塗其鍋子四面，令藥盡乾，然以黃土爲泥包裹，可厚二寸，即用糠火中燒三七日，然後用炭火燒三日陳攖寧頂批　二十四日，去外泥，取其寶鍋子安前瓶子中，入汞四兩，其汞須本砂中出者。入汞於鍋中了，著水五合，不得增減，常令添瓶中水至五合，文火養二七日陳攖寧頂批　十四日，似魚眼沸。日滿，又添生汞四兩，依前法火養二七日，令乾，固其口，武火逼之三日陳攖寧頂批　十七日，而紅黃砂湧出寶鍋之上。收取其霜砂，依前添汞令常有八兩汞在其瓶中，不得增減。依前火候養，逼令霜砂出，即收之。每四兩寶計收砂一斤，即將其砂特依前篇入藥煮三十日，即入鼎中陰陽火候飛伏，還用二十四候一百二十日足，其砂即又伏矣。若要鎔鼓之，依前篇用鹽花爲引，金汁流下可得黃花銀十三兩，色漸黃明也。如要服之，勿斷翠，但出毒，一兩可以棗肉丸爲三百六十丸。

第五品　變金砂訣

將黃花銀四兩打作鍋子，依前，可瓶底大小，用藥如後。

蒲州石膽一分　石鹽一兩　硇砂一兩

右件和苦酒研調塗其鍋子四面，令藥盡，即以黃土泥包裹於糠火中燒二七日，後用武火燒一七日，去泥出鍋子，依前樣安通油瓶子中，入本色砂中汞四兩、清水五合。文火養二七日後，又添生汞四兩，文火又養二七日，候乾，緊固口，武火逼之令一日陳攖寧按 共五十日，其砂湧出，於寶金之上面紅黃之色，而又收砂添汞，計收砂可得一斤，則數足也。

更將前收得砂入其鼎，依前篇用火候飛伏，五日爲一轉。內三日用坎卦，即水煮；三日用離卦，即陽火飛之。二日初，起陽火用炭七兩，每一轉候即增炭三兩。忽有汞霜飛出，其色黄紫，形似箭頭，可一二兩，已來收其霜於鉢中，和砂以玉鎚研之令入盡，依前入鼎中，用火候飛伏，經二十候一百日足，其砂伏火。若要鎔鼓，亦依前篇，用鹽花引鼓，即寶汁流下，而成青金也。若服之，但去毒，勿斷翠也。

第六品　變青金訣

將青金四兩還做鍋子，用藥如後。

赤鹽半兩　大鵬砂半兩

右和研，以苦酒調塗其鍋子四面，以火炙，漸漸塗藥盡，即以黄土泥包裹，以糠火中燒二七日，後又以炭武火燒一七日，去泥出鍋子，依前安瓶子中，入汞四兩、水五合，不得增少也。養二七日，後又添汞四兩，又養二七日，令乾，固口，武火逼一日陳攖寧頂批　共五十日，而湧出砂。收其砂，依前添汞，文武火養逼出砂，即收之，計至一斤，即數足也。又將收到砂入鼎中，依前法飛伏，五日爲一轉。内二日用坎卦，水煮二日也；離卦三日，火飛三日也。火候一依前篇加增炭數，經十六候八十日而金砂伏火也。若鼓之，即用鹽花爲使和鼓，引令金汁流下成黄金也。如要餌之，但勿斷翠，只出毒耳，可長存於世也。

第七品　變紫金砂訣

取黃金八兩，打作圓鼎，可受四合，已來又用金二兩作鼎蓋子。鼎內用藥如後。

硫黃一兩　赤鹽一兩　北庭砂一兩　大鵬砂半兩

右四味和研，以苦酒調塗其鼎內及蓋下，令勻，藥盡，候乾，以黃土泥裹，可厚一寸許，文火四面養之三七日，似不通手爲候。三七日後，然武火一七日，晝夜不可絕火。滿日，寒之，去泥，重以甘土泥鼎下，可三分許厚，懸安爐中，其鼎下周回令通安火處。即入真汞四兩於金鼎中，著水二合，以蓋合之。養經七日，其下常令有熟火五兩，不可增減。其鼎中續續添水，長令有二合，已來不得遣乾，七日後，更添四兩，又依前文火養七日，候乾，緊固口，漸漸武火逼之一日**陳攖寧頂批** 共五十日，便生紅光砂，可收五兩紅光砂。又添生汞五兩拍鼎中，其間常須有八兩汞，依前文火養七日，即固口，武火逼之一日，而砂湧出，則收之。以添汞出砂，都計得三十兩數足，即依前篇法，別入鼎中，火候飛伏。還五日爲一候，內一日用坎卦水煮一日，用離卦即陽火飛之四日。初起火，用炭七兩，每一轉後增炭二兩，至七轉後，增炭三兩，便有五彩金輝霜飛出三二兩。收其霜於鉢中，和砂，以玉鎚研之，令相入鼎中飛伏。經十四候七十日足，其砂已伏，紅明不測。若鼓之，以鹽花引之令金汁流下，成紅金也。要餌之，但出毒，勿斷翠也。

第八品　變紅金訣

取紅金九兩，鑄一鼎子，可受五合許，又用三兩爲蓋子，其鼎内依前篇以藥塗之。用藥如後。

硫黃　北亭砂　赤鹽　大鵬砂

右件藥等各增前一分和熟，研苦酒塗鼎内周遍，藥盡，候乾，以蓋合之，黃土泥包裹，可厚一寸。依前篇文武火養三七日後，即火燒一七日，令泥毬色與火同赤。候冷，去泥，重以甘土泥鼎下，可厚三分，置於爐中，入真汞六兩安鼎中，著水三合，續續添，不得令乾，固口，武火逼之二日，即紅砂出。收砂，添汞八兩，依前文火養七日後，又武火逼二日，亦化爲紅砂。又收砂，更添汞七兩，還文火養七日，即武火逼二日，又化紅砂。依前收砂，添汞五兩，亦文武火養七日，武火逼二日（陳攖寧頂批：共五十餘日），又收砂添汞三兩，一依前文武火候養逼。計前後收得神砂可三十二兩即止，將其砂和硫黃三兩熟研令相入，便於金鼎中陽火飛之，還五日爲一候，每一轉則增炭二兩，經七轉後每轉又增炭三兩。每轉轉看，忽有絳金霜飛出。收霜於鉢中，和砂研，著苦酒一合，以玉鎚研令相入，依前安鼎中，用火候飛之，經十四轉七十日足，其砂伏，其色紫光，若鎔之，成紫金也，但用鹽花引之。若餌之，勿斷翠，去火毒耳。

第九品　變紫金訣

取紫金一斤，鑄一鼎子，可受七合，又將五兩爲蓋子，其鼎内依前篇用藥如後。

硫黄四兩　赤鹽二兩　北亭砂一兩　大鵬砂一兩

右以苦酒和研塗鼎内，以藥盡爲度，候乾則蓋合之，以黄土泥包裹，可厚一寸。依前篇文火養之三七日後，依前武火一七日了，寒之，去泥，重以甘土泥鼎外周回，可厚二分半，即得懸安爐中，以真汞十二兩於鼎中著水三合，不得增減，亦不令乾。續續添之，則以蓋合之，文火七日，令其鼎上常通手爲候。日滿，令乾，固口，即漸漸武火逼之三日（陳攖寧頂批：約數十日），開鼎看其汞，即化爲絳霜，不得收，便更添汞九兩，亦依前文武火養逼。日滿開之，亦已化爲絳霜。更添汞六兩，還文武火候養逼。日滿開之，乃化爲絳霜。更入汞五兩，還七日文火養，一日武火逼，而成紅紫五色絳霜砂三十三兩出。於鉢中著硫黄四兩，以玉鎚研一日，然却入此砂於鼎中，固口，其上用純陽火候飛之。七日爲一候，開之，又和苦酒半合，熟研，入鼎飛伏，七日爲一轉。初起火，用炭十三兩，每一轉增炭一兩，至五轉後，每轉增炭二兩。忽有五色鮮明砂出，即收砂，以苦酒一合鉢中研之，却入鼎中飛伏。每轉轉須開看，即以苦酒和研，入鼎飛伏，經十二轉八十四日足，其砂伏火而文彩輝赫，霞光錯雜，不可名言也。要鼓之，還用鹽花引之爲汁，流成紫磨河車金也。若餌之，但去毒留翠，一兩用棗肉丸三百六十丸，餌之輕舉。以一丸河車丹砂點汞及鉛、錫、銅、鐵等一斤，爲黃金。

第十品　抽汞訣

先取鐵鼎，上下安鹽固濟爐上，開一孔子，引內氣出，即用木柴火燒之三日，一收汞出。未盡，更飛之。抽汞此爲妙矣。

第十一品　鍊汞訣

汞一斤　硫黃三兩

先研硫黃爲粉，置鉢中，下著微火，續續下汞，急手研令爲青砂後，便入瓷瓶中，其瓶可受一升，黃土泥緊泥其瓶外，可厚二分，以蓋合之緊固，置爐中，用炭一斤於瓶四面養三日，長須有一斤火。三日後便武火燒之。可用炭十斤，分爲兩上，每炭五斤燒其瓶。若有青燄出，即以稀泥塗之，勿令燄出，火盡爲候，寒，開之，其汞即成紫砂也。黑鉛一斤，將鉛先於鼎中鎔成汁，次取紫砂細研投鉛汁中，歇去火，急手攪令和合爲砂，便置鼎中，細研鹽花覆蓋，可厚二分，實按之，固口，武火飛之半日，靈汞却出。一依七篇返數，投化合金坐砂。如第二返寶砂篇中用汞，汞即兩度抽用，著鉛却抽歸汞添金花砂；第三返砂用汞，汞則三度燒抽入；第四返出砂中用汞，汞則四度燒抽；第五返砂用汞，汞還五度抽鍊；第六返砂用汞，汞亦依前度數，著硫黄燒成紫砂也；第七返用黑鉛一斤，轉轉燒抽，火候一依前訣，燒抽變鍊水火之精氣亦合於七篇之大數，自然成大道之變化也。

第十二品　辨諸石藥訣

辨石鹽

石鹽，陰極之氣結成其質，而稜角如片石，光白似顆鹽之類，味微淡於顆鹽。功能制伏陽精，銷化火之毒力，亦以礬石、硫黄敵體變鍊之功，性能發明金精，去麤滯氣七篇之中用之爲使也。

辨馬牙硝

馬牙硝，亦是陰精，形如凝水石，生於蜀川。其功亦能制伏陽精，銷化火石之氣，要獨伏制力稍異於石鹽耳。

辨北亭砂

北亭砂，禀陰石之氣，含陽毒之精。功能銷化五石之金，力頗並於硫黄，去穢益陽功甚大。質亦作顆，生而淺紅色，光明通透者爲上也。七返二篇之中用之爲使也。若合於大鵬砂、赤鹽、硫黄之變鍊，功則高於造化也。

辨麒麟竭

此藥出於西胡，禀熒惑之星，生於陽石，陰結成質，色如紫礦，形若爛石。共功於汞，能添益陽精，去陰滯氣，勾添其深，亦有大功。真者於火中燒之，有赤汁湧流，久而灰，不易本色者，是其元也。

辨石膽

此藥出於嵩嶽及蒲州中條山，禀之靈石異氣，形如瑟瑟，本性流通，精感八石，化五金精，用於中宫。若欲試之，塗於鐵及銅上，火燒之色紅，伏制變化，頗有大功也。又以銅器盛水，投少許入其水中，色不青碧，數日不異者，是真也。

辨大鵬砂

此藥稟陽精，但陰氣所養，形如琥珀，質似桃膠。其性和。若合硫黃、赤鹽變鍊，其功甚大。

第十三品　四黃制伏變化訣

雄、雌、砒、硫，其質皆屬中宮戊己土之位也，性含陽火之毒。然咸易變轉五金之質，而不易本光。有汁流通者，功能轉五石之精，銅而化成黃金也；如伏火色變，白如輕粉，津液通利者，五金化成白銀也。雄黃功能變鐵；雌黃功能變錫；砒黃功能變銅爲銀、爲金；其硫黃功力最高，然且添陽益精，返濁歸清，是七十二石之將也。其四黃遇赤鹽、大鵬砂、石膽則伏質歸本，不易其色；若遇石鹽、馬牙硝、硝石、石膽亦入於火，則變返而爲白色，是以大洞真經中七十二石制伏訣皆須合胞胎也。若以土碌等分和鉛粉及石腦作鼎伏之，則土碌與四黃同類也，又能銷火毒而成變化也。

第十四品　紫金變真丹訣

取真汞十斤，七返絳砂中紫金三十五兩，二物和合於别甘堝中銷鎔爲汁，後即匀合一處，去火，急手攪令爲細砂，入硫黄五兩。三物合於鉢中，熟研一日，然後遷於鼎中，運火燒之六轉，轉轉添陽爐鼎，火候滿日，即成大丹也，鼓之即成紫金，留翠擣研即爲大丹也。

鼎火候訣

其鼎須是七返中金廿四兩，應二十四氣；　内將十六兩鑄爲圓鼎，可受九合，則應九，陽極之數；　蓋八兩，應八節；　鼎蓋則廿四兩；　十六兩爲鼎，以應一斤之數，合大數。然後將和了紫金砂入於鼎中，緊密固口，勿令洩陽氣，則於爐中訣取甲辰，旬内取戊申日，於西南地取淨土先累爲壇。壇高二尺四寸，分爲三臺，臺下通氣。上臺高九寸，爲天關九竅，象九星；　中臺高一尺，爲人關，十二門象十二辰，門門皆須具扃；　下臺高五寸，爲地關，開八闥，象八風。其爐内須徑一尺三寸，然置鼎於爐中，可懸二寸，下爲土臺子，乘之臺子，亦高二寸，大小合與鼎相當。然後運火，火候之訣，象乎陰陽二十四氣七十二候，五日爲一候，三候爲一氣，二氣爲一月。其火日午前用熟火八兩，夜間從子至午用火十六兩，陰時加火，陽時滅火也。運轉火數足而成大丹也。

第十五品　鍊聖修丹石訣

北池玉石鹽一二十斤及本色玄精八斤，二物以冬至之日夜半子時合擣爲粉，細羅了，於新淨八斗鍋中置藥，用小神水添，常令八分，煮如魚目沸，時時以柳篦攪之，晝夜不絕水火。煮至四十五日，自然於鍋底結硬如白石。比去水，以無蚛孔皂莢八兩、神水八斗，挪過取汁，絹濾，澄清，入鍋煮藥五日夜自散，其鹽却爲水，其玄精爲粉澄在鍋底。比去鹽水，取精粉曝乾，秤得八斤數足，然乃文武火燒九轉，每四十五日即以神水煮一日。其柳篦子，夏日日午時正南採無節病者，長二尺四寸，作篦，收留至煮藥時用也。

造小神水訣

小神水藥，用一鐵鼎，可盛八斗，拍蓋子，鼎内常添清甜水，火之常温，以備添鍋煮藥用。其鼎中用汞一斤，硃砂半斤，硫黄四兩，合爲粉，感氣用至藥分解了。此藥投入不津器中，固口，入地三尺下深埋之，至煮藥時出之，入鼎感氣温水用，用了却埋之，至修砂時鑄鼎用之。前件玄精粉八斤，每斤入四小兩硝石，同研爲粉，入瓷鼎，固口，以武火逼令藥實，其鼎可空二寸。已來入爐，常以熟火一斤晝夜不絕，周回養四十五日，即破鼎取藥，細擣，羅，入鍋以小神水煮一伏時，煿水盡，藥乾，即一轉畢。第二轉，準前入硝石入鼎，文武火四十五日出，又小神水煮一伏時，煿乾了，即第二轉畢。第三轉，每斤用四小兩烏驢乳拌，和勻入鼎，準前火候日數，向後更不入物，直至九轉畢，然成神水華池。此藥堅硬如石，打之作金聲，入口消化成津液，埋之不腐，煮之不消，鼓之如有金汁，能住不住之物，能伏飛走之物，能與眾石爲身、眾氣爲神，能化五金成寶，水銀遇之立乾也。用藥一小豆許，並汞一兩，吸在口中煖徹，須臾以如麵劑子相似，見火便成白金也。一切飛走藥物見之立伏，五金鍊之成寶也，然成丹胎也。

第十六品　造大丹訣 亦云神雪。

取前篇埋者小神水藥鑄作圓鼎，可受九合，並蓋，令取神水聖石一斤爲粉入鼎中，上下覆藉光明丹砂二十四兩，仍以藥泥緊固口，弗令洩氣，暴乾，入八卦爐中安訖，取冬至日子時起火，隨斗柄朔運之。其火以手摹鼎常令熱於人體爲候。養一周年開看，其砂伏火，內外鮮紅，如未開紅蓮花，光明射日，若服之一兩，百病去除，邪魔不染，身生光澤，行如奔馬，顏色悅紅，神氣安暢。將此藥依前却入鼎，又運火一年，開看，其砂外白內紅，光瑩璀瑹，若服之一兩，身體清和，返老歸童也。又依前將藥却入鼎，運火一年，開看，其砂内外俱白，通透光明，輕虛瑩徹，一似真雪輕舉，服此藥一兩，顏如少女，寒暑不侵，五災不害，與日月同光，永離衰老，便住於世，長生不死。更依前法，運火直至九周年畢，即成，名曰「神符白雪丹」，服之即奇功莫測。後略。

第十七品　造藥鼎受氣訣

石鼎受氣，先白礬二兩，清水煮一日，又入鹽二兩煮一日，硝石二兩煮一日，太陽一彈子許，入氣畢，火逼一日，令極乾。真母四兩，子六兩，合爲膏，於銚子中入土。母二兩水煮一日，鹽二兩煮一日，硝石一分煮一日了，入石鼎中，密固口，安懸爐，上水下火養，常令通手爲候。每一候五日，開，入汞四兩，其鼎中藥上如白雪生，第二候漸成峯巒。每一候入汞，數至一斤爲度。至十開後，其藥半紅，即十日爲一候。一開至十開後，其藥全紅，至十日脱胎，入宫養至一周年，出藥入華池煆了，入寒泉出毒，可餌之。第二轉取汞八兩，藥八合，入金鼎養之，名曰「日月倍添無涯際」也。

靈砂大丹秘訣

抱一聖胎靈砂

前略。法用二八硫汞，炒成青金十兩，其青砂子，用膽礬半兩、烏梅三兩，砂鍋内米醋浸。將青金頭胎煮一伏時，不用水火鼎打，便入真死硫黄匱中，用砂合，鋪底蓋頭，安輕灰爐内，養火二十一日，取出研細作匱，脱養白體靈砂。

火候法：一日，早、晚各用熟火二兩半；第三日，早、晚各火二兩；第七日，早、晚各火四兩；第十日，早、晚各火五兩；第十五日，早、晚各火五兩；第十六日，早、晚各火六兩；第十七日，早、晚各火七兩；第十八日，早、晚各火半斤；十九日，早、晚各火十兩；二十日，早、晚各火一斤；二十一日，早火一斤半，晚火二斤。候寒爐取出，便要作銀，用過鉛池煎之。要作聖胎匱，可爲末，脱養白體靈砂。

凡修成聖胎靈砂三兩，可養一兩白體靈砂，煮法同前，養法火候日數亦同。其白體靈砂不可煮用，將來爲末作匱，脱去生玉笋靈砂。

第二轉

白體靈砂有一斤，並爲末，可入合鋪上下脱養長生玉笋靈砂半斤，乃一斤養半斤，即是二兩養一兩也。火候十四日，不用煮法。以此玉笋靈砂二錢，可點一兩水銀成丹陽至寶。若作匱，脱養澆淋匱法。

火候：第一日、二日，早、晚熟火各一、二兩；第三日、四日，早、晚各四兩；第五至七日，早、晚各五兩；第八至十日，早、晚各六兩；十一、十二日，早、晚各半斤；十三日，早、晚各一斤；十四日，早、晚各一斤半。候寒爐取出作匱，脱養澆淋。

第三轉

長生玉笋靈砂半斤入合澆淋，便可澆汞四兩，早、晚養火一日。至來日天明，其汞已死，未可取，便再澆四兩汞，亦養火一日，來日亦死，亦未可取。似此三次澆汞，方可取。初頭澆者一次，芽子要常留。兩次澆汞，汞在匱中，此法號朝種暮收之法也，乃爲長生不死之匱矣。以一錢澆淋芽子，可點一兩水銀爲上色至寶，若作匱，可脱養丹頭硃砂。

火候：早用熟火六兩，晚用半斤，只來晚取之。

第四轉

以採取澆淋芽子四兩，可脱養辰砂一兩作丹頭，火候十四日。若養彩霜一兩，以彩霜一兩可摻汞成銀，亦可點水銀一兩以成至寶。以脱養辰砂一錢可點水銀黑鐵一兩，分胎成寶。若硃砂丹頭四兩入金合中，可脱金體丹頭，火候斤兩同白體匱法。

第五轉

將脱出丹頭硃砂四兩，用金合子盛之，須研細入合，如法以藥封固，鐵線繫定，虚實養三七日，每日早、晚只上一兩半熟火，灰高二寸，此砂可點縮淨結硬了賀成赤金，一錢點貨一兩成庚，半錢成銀矣。

第六轉

取金石養者丹頭硃砂四兩，再研爲末作鋪底蓋頭，似於金石内爲匱，脱養金體硃砂二兩，點化汞成庚，以一錢砂可點二兩汞爲上色金，以此四兩可作匱。脱養三奇匱，其金體硃砂，用楮汁爲丸如麻子大，每日空心冷水服一粒。服至一月，延三十年；服一年，可延三百歲。

火候養法用十四日，同澆淋火並同。

第七轉

取出金體匱硃砂、脱養黄、三黄各三錢，名曰「三奇」也。三黄點化賀成庚，一錢可點一兩，以四兩三奇匱可脱養一兩大丹頭，點用鐵成上色紫磨金。

火候四十九日：一七日四兩，二七日六兩，三七日半斤，四七日十兩，五七日十二兩，六七日一斤，七七日二十兩。日數足，養火丹頭硃砂一兩三奇丹可點賀四十兩成至真之寶。

第八轉

取出金體硃砂，脱養大丹砂，火候八十一日。一兩硃砂可用楮汁丸一百廿丸，一丸可點汞、銅、鐵、賀五兩成紫金。如作丹服，用楮汁丸如麻子大，先將此丹入寶器或金器瓶中，以油單固口，安井中四十九日取出，方可香湯沐浴，焚香禮謝三清上真、成道神仙畢，面北方可服之。

火候：一九日，半斤；二九、三九、四九日，早、晚各一斤；五九、六九、七九日，早、晚各一斤半；八九日，二斤；九九日，早、晚不住三斤火煅之。

第九轉

取出大丹頭硃砂，養混元大丹，以入金合，硃砂四兩脱養混元硃砂一兩。養火候一年，逐月一日取出丹砂沐浴一次，每兩丹砂用半兩水銀，浴過再入匱養火。當熟火一斤養一年，取出爲末，用楮汁爲丸如芥子大，只可服一粒。服至一年，可延千歲。須用沐浴、淨身、齋戒、濟惠貧者，以功行爲先，此丹丸了不便服。須辨香花酒菓供養七日畢，然後盛於玉器之中，油單紙密封固了，安井中，日數足，取起拜謝天地，方可服之。

秤斤兩立媒第一

君子四十未會親。四兩硫黄。妾守空閨十六春。十六兩水銀。欲藉良媒爲匹配。先以銀器不拘多少入醋内煮半日，去銀器不用，却將水銀去醋内，煮乾醋爲度，取出水銀以紙拭乾。大都天意在人寛。

入銚炒合夫婦第二

堂上公婆堂下親。堂上者銚子，堂下者火。並皆文武舊功勳。用文武火炒。先將銚子以慢火燒熱，入硫黄，在内化作汁。次下水銀，急用鐵匙攪匀，令乾如塊。有鬼燄起，以醋噴之，莫令燄起爲妙。莫嫌賤妾容枯槁。汞名姹女，内懷珍寶。蓋爲懷眈一滴金。

入鼎煅鍊第三

今朝方至舅姑家。其鼎内有臼，取炒者青金入乳鉢内，細研，傾入臼内，上鼎臼内臍上微閉，蜜調硫黄少許塗於上，却於三山處赤石脂水調令稠粘，固濟令十分牢，上面鼎口縫同鹽泥通身固濟。表裏煎熬六七差。表者，水鼎上添水也；裹者，是鼎内藥化成汁；差者，炭也，用炭十二三斤。門縫彌封無處出。固濟。陰陽顛倒作生涯。上水下火。

煅鍊未堅其物坯慢第四

出來門外自摧殘。去鼎内取出砂子如一斤未堅硬時，一齊研細，再入鼎打不硬。却入家中六七蘭。依前用炭十三斤。庶使依然人不見。固濟令密。願同瑶佩響珊珊。其坯砂打令硬。

懸胎煮鍊第五

斧劈安胎入袋中。用斧劈破成小塊，如皂莢子大，盛入小布袋中，玄胎煮制。道君心沸用炎洲。用火煅之。硼硐瀜瀜聖無知。鼎内同熬火逼伊。汁少時時添上汁。懸胎煮鍊一伏時。誰知一宿先生意。笑指紅膏下釣磯。

上貼身藥第六

火裏飛砂石裏油。火飛硼砂，用石腦油煮也。入門粉霜最堪修。粉霜乃膩粉也。將煮靈砂以水洗淨，控乾，於石腦油煮兩三時辰，漉出，入一大盞子內。先將枯硼砂研細，摻在砂子上拌勻，令白色。次摻輕粉。次上鉛白霜，拌勻，令白爲度。然後入盒子内栽蓮養之。分明別有窮通理。免向天涯地角求。

入匱鼎第七

四一元來是五金。用四兩山澤末養一兩靈砂。母多子少似蓮英。萬錢池内精誠養。火候合天造化機。蓮英者，如栽蓮子時勿令相挨也。母體末一斤，微微醋拌勻。靈砂心内隱，鎖縫兩三擒。紙灰實抱脚，下火節節勻。五兩半斤火，分胎見寶形。匱母末一斤，用好醋拌令勻。先於合内鋪匱末一重，直後栽盡砂子四兩，上面又用匱末蓋之，無令露出砂子，用赤石脂固濟口縫上，又用泥通身固濟，候乾了，入灰池内，坐合子在脚上面，依火候教養之。誰知此是超凡路。不種元來莫動心。

用火候第八

一二二加三四五，四八周圍五八身。第一日，下火去灰池内，合子上用紙錢灰蓋兩指厚，上用熟炭火秤二兩，常換莫令火死；第二日，加火三兩；第三日，加火四兩，勿令火過；第四日，加火至八兩，内將四兩插在盒子周回，將四兩火放在合子灰上，令合子通赤爲度；第五日，與第四日火候同。此是杳冥真相本。勿令太過恐傷生。其火以小至大，不可太緊。

出匱第九

没齒無忘嗑臂盟，觀伊心赤未忘形。七日火候功畢，取出合子，放冷開之，取砂子看之，用牙咬開，其色青黑，體重，即成寶也。若色赤，未死也，入匱再養，依前六日火候，須是七日足矣。

分胎第十

二器相投一器盛，和汞分胎要惺惺。二器，甘鍋與藥鍋也。藥鍋用巴豆、萆麻子、知母、貝母等分，一處擣細，用棗同擣令稠粘，捻作藥鍋子，放於甘鍋内，陰乾。次將養下砂子投於藥鍋子内，使氣爐熔作汁，不住攪焰硝在内，直與後藥鍋子一時作汁，青白時成，傾在錠槽内，一認打造不懼也。三車門外宜搬運，須藉三門鼓搧傾。入炁爐内傾三遍，則見寶也。又曰三固者，是第三轉也。

九轉金丹訣

靈砂煅鍊第一

靈砂煅鍊說元因，四兩硫黃二兩銀。陳攖寧按　水銀也。先熔作汁傾鍋内，燄起之時用醋噴。入鼎青金頭一味，藥瓶泥固莫令津。度量火候休交錯，前後仍須節次匀。成後劈爲皂子大，製之造化十時辰。入匱貼身無脱漏，十朝變化始爲真。出鼎觀時顏色黑，炬火應知牙齒痕。華池脱去硫黃氣，恁時方信汞成銀。

聖胎生產第二

二轉方知點化功，聖胎生產見真宗。汞末四兩先鋪底，丹砂如蓮栽一重。次第鋪排四兩畢，匱母從頭蓋一重。合用鹽泥同固濟，養之二七始爲終。開合觀時已成寶，仰贊神仙造化功。

瑶池皓蓮匱第三

三轉瑶池綻皓蓮，焚香淨室要精專。汞澆二兩無多少多則力不能加，七日成時再用前依前開澆。收取可爲長生匱，靈砂生養理幽玄。

仙掌月明池匱第四

四轉名爲金穀種，鼎中排定得其宜。流珠二兩澆温火，火候抽添七日期。數滿周天奪造化，玉容翻著紫金衣。

紫府金蓮匱第五

五轉金蓮紫府幽，膽礬煮汞莫淹留。此名黃笋無轉洩，蓋是從前至藥勾。入鼎超凡非細事，產生子母是因由。

紫府湧泉金匱第六

六轉工夫養就芽，鼎中玉笋自然花。頻頻澆汞鉛中造，暮種朝收見寶華。燦爛爐中成紫色，玲瓏金碧晃流霞。

七返金液還丹匱第七

七轉丹成有返還，辰砂養就不須鉛。五金立點成珍寶，去毒埋時下井泉。

歸元靈液金丹匱第八

丹砂爲汞爐中養，七日開時總是黃。立點五金爲至寶，雞飡一粒化鳳凰。

九轉金丹匱第九

陳攖寧按　詩屬浮辭，誇張服食之效，不錄。

赤松子四轉訣

一轉飛花霜法

雌黃一斤　雄黃一斤　硃砂一斤

各別處治之，合末熟研精細訖，納於土釜中，丹華半兩藉之。次安雄黃末，次安雌黃末，上更丹華半兩覆上，固濟不令洩氣，坐三台五嶽上，用葦荻火煅三日三夜，冷一宿出之，此藥點成黃金三十斤。

二轉

用前霜納土釜中，用鉛黃華覆上固濟，陰乾十日，如前法文火三日三夜，候冷發取之，此藥一兩點成黃金一百斤。

三轉

白蠟河車覆之三日三夜，候冷發之，取此藥一兩點成黄金二百斤。

四轉

用鉛白河車以上礬石粉、溲河車令如泥，浥浥以爲覆藉，封火，如前三日三夜，冷，取此藥一斤勾黄金四百斤。

抽茅法

石綠一兩　焰硝二兩半　硼砂一錢　明信二錢半

右四味研細一處，以猪脂煎油調四味藥末如濕砂相似了。用甘鍋先安爐内，燒令通紅，用匙逐旋挑入鍋内，令七分滿，用瓦片蓋頭，再簇炭煎，令藥作成汁了妙。用乾柳枝攪數十下，不可令十分透底，候硝汁漸乾，傾出地上，子母分胎。再用鍋子消了，任意勾點，打造細膩，甚妙。

輕粉法

皂礬一斤　鹽半斤

作一處，研入瓦罐中，用熱湯煮令成糊，攪令勻，約煮半日，令黄色，用黄麴四兩，入汞一兩，和研作一處，須臾汞攤在婺上，瓦盆封固，進火昇之，候冷，收下掃之。

粉霜法

明信半兩　白礬四兩　鹽二兩　焰硝半兩　汞二兩　皂礬二兩

同一處研，不見汞星爲度，以鐵銚内炒成末，堆在大碗内蓋之，濕紙塞縫，再用好泥封之，冷，取下，掃取霜。右取前霜一兩，同鹽、礬各二兩細研，入水火鼎中，依靈砂法昇之，即是。

太極靈砂賦

神丹不值於下士，玉帝賜禄於上仙。感聖人之情憫，以靈砂而口傳。合二味以炒成形，始能見寶；至九轉而吞入腹，立獲昇天。原夫硫郎四十家未求，美人二八身無主，所以兩結婚姻，一憑媒妁。金臺燭燄兮不須生，玉池苦酒兮頻爲酌。壺中夫婦意相親，堂上翁婆情不樂。自此憔悴玉顏，合和靈藥。真砂結像，更資文武以調停；至寶潛輝，莫棄形容之醜惡。切以鼎像二儀，堅完最奇。兩番製一兩薑汁，三次固半指斤泥。入洞房兮杵築其青金末，固口縫兮蜜調其赤石脂。加蛤粉等分兮再固黃土泥，緊纏絕白鐵線方當打板之時，切宜審耳，及待養丹之際，亦復如之。於是鍊日月之精，契坎離之理，鼎置爐内，瓶埋地底。固之蜜兮火繞一周，簇之遍兮炭高四指。鼎中惟下四兩火，腹内可容八分水。五金俱熾，聽龍吟虎嘯之聲；二日方開，候火冷灰寒而止。大抵砂猶葱碎兮，可再煅以加火；體既堅剛兮，方言妙以入神。用刀劈如皂子大，懸胎煮如魚眼匀。加鉛霜以少許，添醢物以斯頻。或伏一晝夜，或煮十時辰。袋中取出兮，浴之以熱水；舌上微潤兮，調之以玉津。同以四粉鉛白霜、輕粉、粉霜、硼砂等分研之極細，貼其一身，十錢靈藥諭爲子，四兩匱母還數親。如栽蓮實，以斯列入金鼎以重温，使排布而勿相投，中間各離。可鋪蓋而勿露，上下埋匀；異哉史記無文，仙人傳訣。草煤玲瓏兮，池腹俱煖；炭火温養兮，鼎心均熱。灰微焙則氣不散漫，盆坐覆則數難耗折。四進至四兩，七八終用八。後三錢依四正以羅列，遍七日而通徹。常令室密無透風，直須灰冷渾如雪。恐未形，忘齒嚙觀心朱而尚赤；且養火，更宜如期透骨黑而全青。成就可訣，既而真本已具。丹砂至靈，入華池而煆鍊，加炭火以調停。用鉛二星兮，終久爲棄；內子一兩兮，須臾自寧。夫然後陽極陰消，剝見黃華之象；日來月往，愈觀素鶴之形。信夫，玄之又玄，秘之又秘，此明變寶之神驗，別有還丹之口議。及指陳於內事，又豈止於小利。是道也，得人方可以傳，非其人天殃立至。

碧玉硃砂寒林玉樹匱

夫龍虎者，乃鉛汞之本也，二物相交，乃有變化。水中鉛，火中汞，汞鉛同一元，不知咫尺是神仙。強把硃砂酒醋煎，千千萬萬化成煙。此明鉛汞一體也。鉛汞相交不須見，伏火硫黃便停燄。

生育之道，本自父母精血交姤成孕，故鉛汞相交，龍虎成質。且硃砂不假鉛汞之功，無由氣定，全藉鉛汞匱定火燄，故不能走失。硃砂出汞，而後死於汞，乃玄中之玄也。

詩曰：「鉛汞相交結靈胎，靈胎中有一嬰孩。嬰孩便是鉛中寶，誰信鉛中養得來。」故伏火硃砂必死於砒。又曰：「硃伏於鉛，而成於硫，此名『若要水銀死，先須死水銀』。」又云：「隨倒死不離其父母。」又云：「龍虎打合，謂之真鉛；一體獨用鉛，謂之頑物，無變化之道；龍汞虎鉛，陰陽交感，精氣相姤，故成玄關。」

詩曰：「真鉛玄妙大丹頭，汞合金公造化優。交姤靈機成五彩，龍吟虎嘯老人修。」

其四神獨有真汞可伏鉛，陽虎陰龍，故汞爲鉛子母之道，金公生虎之肌膚，汞乃堅鉛之筋骨。

詩曰：「離鉛去母全歸聖，入聖超凡玄又玄。養出硃砂能伏火，教君立見水銀乾。銀乾便出神仙境，誰謂神仙別有丹。認得真鉛造化機，全君容易入玄關。」

法用銀、鉛半斤，入鍋鎔之，下石灰、白膠香撲數遍，撥去穢濁，取淨者，次下桑白皮拌之。多少淨鉛，以三之二入汞於内鎔，下南星末，徐徐撲之，柳枝攪碎成粉，水淘去藥灰，又入八味佐藥拌勻，再入銚炒半日，方作匱。銀鉛作粉，和八味佐藥作匱。

八味佐藥：　硼砂、硇砂、石中黃、玄母石各一兩，死硫、石膽、硝石、青鹽各五錢半。右硃砂一兩半重，金箔貼身，入前藥匱内封養，候硃砂碧色，又換新硃砂一兩半，依半火候養之，共得三兩死硃。去匱藥，別作丹基。此是「去鉛離母子成珍」也。碧色，養砂死。

詩曰：「陰陽大道妙真傳，只用水銀與黑鉛。不傷硃體不傷鉛，此法玄中玄又玄。」

右將伏硃三兩研作匱，再養生硃二兩蜜滚柳末貼身，入死硃匱中養七日，加火一煅，冷開，其硃白色。

詩曰：「二氣依鉛結就成，更含素質鼎中凝。如初温養無多力，莫使熒高力不昇。」

右將三次養出硃共五兩，研作匱，再養生硃三兩，用黄蘗、黄芩、豆粉蜜温爲貼身藥，入硃砂匱中封養三日足，一煅，其硃白色，故曰「白雪不消」。

詩曰：「三轉成龍氣轉高，却嫌元祖是塵囂。硃砂功就烹成汁，潑向爐中雪不消。」

右將三轉成龍其硃共得八兩，研末可做養寶長生匱，一應金母砂、銀母砂、靈砂、硃砂、三黄、粉霜並可養之，變化之道備矣。在人意對寒林玉樹，凡物有生皆歸死，故有「寒林」之名。法將匱藥入合作穴，用生汞一兩，醋一盞，煮過，入穴中封養三日，冷開，已生汞苗一二寸，逐旋採摘，任意轉變凡點化也。

詩曰：「伏得丹砂作地仙，其砂欲伏在真鉛。鉛砂不棄依然誤，離母除鉛是湧泉。」

右將前硃末八兩，以物隔了，用雲母、滑石細研，鋪滿實，封固，養火三日，冷開，其硃白色，更將前藥去了雲母、滑石，將硃作匱入合，用好信石一兩，崑崙紙包，鋪硃末蓋了，上覆以雲母石，築實封養三日，冷開，其砒可以點化伏成器，不誤後世，如入汞苗同點更妙。又將前匱入合築實，醋調蕎麥灰，物隔了，放上面蓋頭，封養三日，冷開，其色復紅。又復以明雄黄一兩，經煮煅煮前藥中，築實，封養三日，冷開，其藥盡黄色。此爲黄芽至靈，同汞芽可點化爲金也。

詩曰：「七返還丹如入許，不拘黄白盡成珍。瓊林玉樹花爭發，點化超凡不誤人。」

右將硃細研作匱，物隔了，將元來初養鉛汞砂匱藥放上面令實，其硃匱内養生硃三兩，封養七日，冷開，硃復紅，故曰「七返長生變化」也。硃砂養至七遍，極紅，丹質成也，故曰「還丹至此大備」。且夫初養色碧象母，其後色白象父，七遍復紅，已全七返歸真，故曰「歸元」也。

再將上等雌黄煮過二兩，金箔貼之，墨紙又包，入七返匱内封固，養火三日，冷開，同汞芽可點庚爲世寶。炷之，用白鹽安鍋子下，汞芽子在中。又入鹽，蓋之，坯不走，不用關藥。謹謹記之寶之。

乳香二錢，硼砂一錢，白鹽三錢，硇砂五錢，名「醉金池」。

右件分作八處，每點一兩，用藥一錢，同銀入甘鍋鎔成汁，傾入槽中冷，打去藥，其物軟而精潔，無惡暈斑，妙不可言也。

碧玉硃砂匱養庚砂第一

銀鉛一斤，桑白皮炒令白。只有十兩，鎔作汁，灰五十包鉗入汁中，傾下汞三兩，鉗退冷灰中攪成粉。冷取出篩細。麤者依前鎔化二兩汞下，又急攪成汁，水淘去灰，後藥炒死匱服藥。

伏硫五錢，五色餘艮石四錢陳攖寧按 不知何物，硇三錢，同研細末，入大銚內，旋旋入藥炒前鉛汞砂，一旦即死作匱。

鍊煅第一

鮮明大砂三兩，蜜滚死硫貼身，次用金箔逐塊包裹，入前鉛汞藥中，一斤熟火養七日，取出，其硃盡成金體可愛。此硃研作匱，温養後段而矣。

脱胎聖第三

前硃三兩爲匱，養大硃砂一兩，死硫貼身，金箔外貼，入匱封養十日足，大火一煅，冷開，如前研細，又養大硃一兩二錢，如後滚貼養至半斤，共五十日，一切同研細伏火矣。

轉養粉霜第四

好粉霜二兩，共前庚砂匱藥合研爲匱，别養外來堅實粉霜一兩，鍊蜜搜丸，墨紙包之，入庚粉匱中心，封養七日，冷開，取死粉或作後段庚母砂貼身點化换骨，靈驗大妙矣。

結庚母砂第五

取硃砂汞三兩，庚母六錢，結砂子，分作八塊，用漿水、白礬、石灰、皂角灰、蛇床子等分，懸胎煮一日夜，取出，用緊砂法。用苛子末三兩，先將一兩鋪甘鍋底，入包了庚砂安於中心。又將苛子末上面蓋之，入火屋内候煙起濃。又將苛子末連糝在上，以盡爲度。取退冷看砂力，刀斫不入方入匱。如不堅，再如前作一次。將前回養出餘下粉霜滚在貼身，將大合一個入緊硃研，栽培庚砂在内。又將前零粉霜半兩作毬子，蜜調生硃五錢滚貼身，蜜滚死硫末。再以金箔包先安排此粉於匱中心，其庚砂於四傍，封固，入池爐養火七日、二日，共九日，就爐一煅，冷開，其庚砂以成寶，烁鎔不折，十分足色。如再後，但前法結砂入匱，其外養倒硃砂半兩，而或添至一兩，留作庚子貼身。且如添養硃，積至一年，可分爲二匱，長生湧泉，名爲「種火田」，緜緜妙道不窮。如不養物，如法封固入地坑灰池内，温温火候，養之不絕，方使陰氣不生，其匱轉通靈矣。變化甚多，功效不一，養雌雄點化皆可爲也。

釋諸藥隱名

出石藥爾雅中。

玄黃花　輕飛、鉛飛、飛流、火丹、良飛、紫粉。

鉛黃花　黃丹、軍門、金柳、鉛華、華蓋、龍汁、九光丹。

錫精　黃精、玄黃、飛精、金公華、黃牙、伏丹、制丹、黃輕、黃轝、紫粉、黃華、黃龍、黃池、河車、太陰、金精、金公河車、素丹白豪、假公黃。

鉛精　金公、河車、水錫、太陰、素金、天玄飛雄、幾公黃、玄制太陰、虎男、黑虎、玄武、黃男、白虎、黑金、青金。

水銀　汞、鉛精、神膠、姹女、玄水、子明、流珠、白虎腦、長生子、玄水龍膏、陽明子、河上姹女、天生、玄女、青龍、神水、太陽、赤汞、沙汞。

水銀霜　金液、吴砂汞金、白虎腦、金銀虎、赤帝體雪、水雲銀。

丹砂　日精、真珠、仙砂、汞砂、赤帝、太陽、硃砂、朱鳥、降陵朱兒、絳宫朱兒、赤帝精、赤帝髓、朱雀。

雄黃　朱雀筋、白陵、黃奴、男精、石黃、太旬首中石、天陽石、柔黃雄、丹山月魂、深黃期、帝男精、帝男血、迄利迦。

雌黃　帝女血、玄臺月、黃龍血、黃安、赤厨。

赤雌　鍊者一名帝女回，一名帝女署生、帝女血、黃安、赤厨、柔雌，已上鍊者玄臺丹半。

石硫黃　黃英、煩硫、硫黃、石亭脂、九靈黃童、黃硐砂、山不住。

硐砂　金賊、赤砂、狃砂、濃砂、白海精、狃砂黃、黃砂、赤狃砂。

曾青　樸青、赤龍翹、青龍血、黃雲英。

空青　青要中女、青油羽、青神羽。

磁石　玄石、玄水石、處石、綠秋、伏石母、玄武石、帝流漿、席流漿。

陽起石　白石、五精全陽、五色芙蕖、五精金精、五精陰華。

理石　玄制石、肥石、不灰木。

胡桐律　胡桐淚、屈原蘇。

金牙　虎脱幽。

石鍾乳　公乳、盧布、殷孽、薑石、乳華、通石、乳床、夏乳根、殷孽根、孔公孽、逆石、石華。

胡粉　鍋粉、鉛粉、丹地黃、流丹、解錫、鵲粉、流丹白毫、白膏。

白玉　玉札、純陽主、玄真赤玉、天婦、延婦。

白青　魚目青。

綠青　碧青、畢石、扁青。

石綠　銅勒。

石膽　黑石、碁石、銅勒、石液、玄制石、擅摇持、制石液。

雲母　玄石、雲華五色、雲末赤、雲英青、雲液白、雲沙青、磷石白、雲膽黑、雲起、洩涿、雄黑、雨華飛英、鴻光、石銀、明石、雲粱石、浮石滓。

消石　北帝玄珠、昆詩粱、河東野、化金石、水石。

朴硝　東野、單丹、海末。

白礬石　羽澤、黄石、黄老。

雞矢礬　玄武骨、赤龍翹、守不見石。

滑石　石液、共石、脆石、番石、雷河督子、冷石、留石。

紫石英　紫陵文質。

白石脂　白素飛龍。

白石英　素玉女、白素飛龍、銀華、水精、宮中玉女。

青石脂　五色赤石味、黑石脂、黑石。

太一禹餘糧　石腦、餘糧、天師食、山中盈脂、石飴餅。
雞矢礜石　青鳥、鹵礜、五色山脂。
握雪礜石　化公石、鼠生母。
太陰玄精　鹽精、玄明龍膏。
太陽玄精　無主。
凝水石　水石、寒水石、凌水石、冰石。
礜石　白虎、白龍、制石、秋石、日礜、固羊、太石、倉鹽石膏、細石。
長石　方石、土石、直石。
青琅玕　石味、青珠、白碧珠。
方解石　黃石。
石黛　碧城飛華、青帝流石、碧陵文侯、青帝流池、帝流青。
牡蠣　四海分居、石雲慈。
金　庚辛、天真、黃金、東南陽日、男石上火。
銀　山凝、白銀、女石下水、西北墮月。
鍮石　黃石。

熟銅 丹陽赤銅。

鉛白 丹地黃、金公、青金。

白鑞 崑崙毗。

水精精 陰運、真珠、夜光明、蚌精、明合景。

紫石英 西龍膏、浮餘、上白丹戎鹽、仙人左水、西戎上味、西戎淳味、石鹽、寒鹽、冰石、光明鹽、紫女、上味、石味、倒行神骨。

代赭 血師、白善、白玉。

鹵鹹 青牛落、石脾。

大鹽 石鹽、印鹽、海印末鹽、帝味、食鹽、味鹽。

石鹽 石味。

黑鹽 黑帝味、玄武味、玄武腦、北帝髓、北帝根。

赤鹽 赤帝味。

白鹽 白帝味。

青鹽 青帝味。右四鹽合藥造作諸物，名「聖無知」。

陳攖寧按 正名六十四，隱名三百三十。

上清經真丹秘訣 臨字號中。

武都沈銀二兩即好雄黄　舶上雌黄二兩

右用湖南合子，先以金簿十片其内，便以雌雄合和，於乳鉢内研如粉，入於合子中實築，却以合子蓋蓋之，其合子四面以鹽泥固濟。又取一瓷鼎，可盛斗餘者，以黄丹二十斤。先以黄丹三五斤漸築令實，約厚五寸，坐合子當中心，更下丹輕築令實，取鼎滿爲度，不計斤數。然後以六一泥泥鼎，可厚三二分，致鼎於盆内著灰，且令陰乾，使泥鼎子上下通連固濟，候鼎乾發火。

第一日，用半斤熟火，四面擁之，日夜不絕；至第五日又加半斤火，每三日一度添半斤火，至五斤火即其藥外面爐團泥只要擁火氣，别無法養；至四十五日後，添三斤熟火，養至四十九日且住。候火寒，取出合子開看，内藥已如硃紅，或如金黄色，此狀候其黄丹大半如紫金色，收之，理一切惡瘡。取合子内藥頭一分，入汞一兩，於火上以乳鉢慢慢研之，候逡巡成砂訖，以針條鐵十字繫藥合子，又以六一泥固濟合子，候乾，以水火鑪内養之。水火鑪者，取一瓦甑子，泥四面，只留中心底上一孔，然坐藥合子於孔上出甑底半寸已來，甑下常以一椀水，水面去合子底半寸，但不濕著即得。其藥合子，初用三兩火漸漸半日已後，添至半斤火養，每一度添一兩，候七日滿，火寒開看，其藥並伏矣。依前却固濟，更養一七日，開取少許，入火試之成金也，但甘草色耳。

又添汞一兩，依前研成砂子，準前水火爐内養之，每一七日一度開，添汞一兩，添至一斤止。如要寶，即鞴取一半；如不要，但養之。時時添二兩硫黄，研過入爐，即成砞矣。

又取前成金藥一分，以汞半斤、硫黄三兩，研成砂子，依前六一泥固濟，火緩緩逼，復爲水火鼎養之，七日開之。

又添汞一兩、硫黄一分，依前固濟養之，添至一斤止。養至半年後，又添汞一斤、硫黄四兩，準前法養。如要寶，即鞴取之；如不要，但依前養之。

又法：如要真元，但將藥頭分減養之。養至三年，一粒粟米大，可點一兩；養至四年，一粒可點二兩；養至五年，一粒可點三兩矣；養至九年，一粒可點一斤。此藥本是神仙大藥法，後來將救世人，先爲點化。其藥養至三年，便可服食治疾。

服食法：取藥細研如麵，以水飛過，極細如粉，於瓷瓶内懸入井中七日出之，又以甘草水煮三五十沸，候乾，以棗穰和爲丸，如大麻子大，以一粒安一斤肉内，六月中踰月不臰壞，可驗神功也。

凡服藥，先須沐浴著新衣，鮮潔素食七日，忌一切穢惡物等，每日空心淨水下一粒，酒下亦得。所取藥添換。如有貧寒者，但以藥寶貨之救接，切不可輕洩，所得者皆是宿有道緣，方得此術。

如若雌雄不真好，藥亦難成，成恐力薄，得沈銀者最上。

若要固濟合子，用炭上白灰打取與鹽中半拌之固濟。若要固濟鼎，用砂盆末、炭末、黃土拌紙筋，舊草鞋爲筋，爛拌泥固濟，並須如法。

攖寧子　輯錄

外丹黄白術各家序跋

黃白正宗漁莊錄范序

漁莊錄者，乃金丹玄語也。先君少時，入長白山，潛心志學，常與一術士遊。其術士善鍊水銀爲白金，臨終時，其子幼無所託，見先君誠篤，囑以後事，將死汞一斤，並其方書，投於先君懷中而卒。先君得其旨要，參諸丹經，無不符合，試之果成。但先君宦遊中外，不暇爲此，欲聞於人，又恐驚世駭俗，故還給其子，尚未傳於世也。其子見別人爲此，皆妄相傳授，故再與先君談玄，而因錄其玄妙之語焉。

大宋元祐七年春二月堯夫范純仁序

載民國二十五年（一九三六年）六月十六日揚善半月刊第三卷第二十四期（總第七十二期）

黃白正宗漁莊錄李序

李保乾

宋睢陽隱士洪星橋，別號漁莊，年八十，精黃白術，素與范文正公善。後病，告公曰：「吾善鍊水銀爲白金，奈不能待藥之成，一子甚幼，不堪相付，請以託公。」即以方書一帙，白金一塊，投於公懷而卒。公藏之，及其子長成，乃召而告之曰：「汝父有玄術，因汝幼，故託我，今汝成人，當以付汝。」出而授之，封緘如故，遂名其書爲漁莊錄。

僕初疑爲方士假託之詞，借公爲重。後閱說郛，見宋士所紀，亦有是事，方信其不誣也。

夫外丹之道二：一爲服食神丹，一爲爐火黃白。判不同途，固不可混認爲一也。蓋神丹二十四品，莫不首採白金爲真鉛，而非礦中之銀。次鍊硫珠爲真汞，而非砂中之液。故曰「神丹一味鉛」也。還丹論所以言「非硃砂水銀可以成丹者」此也。其理則金碧、石函爲詳，其事則銅符鐵券爲確。

若黃白之術，則取資四象。然用其真不用其凡，用其清不用其濁。惟只坎離交感，砂鉛氣結，借假修真，以爲丹基。然後生子轉制，增金進火，交關過度，超神脫胎。鍊至清真虛靈之地，點化無窮。故爐火七十二家，唯漁莊爲第一而易行。視之神丹白雪，造化固有雲泥，然亦非世之烹鍊凡質沾體盜氣者所能測其涯際也。

嘗考歷代名臣傳云：「南都朱某者，與仲淹善，疾革，語仲淹曰：『某曾遇異人，得變水銀爲白金術，吾子幼，今以方藥傳君。』仲淹受之，未嘗啟封。後其子長，教之，義均子弟。及其子登第，乃以所封藥併術還之。」按希文傳叙説爲此，可知事實非虚，不過彼此所紀姓氏之異耳。但是書流傳既久，抄藏者每多互異，其爲盲目方士妄加删改無疑。

今值錦里春回，融日餘暇，檢閲家藏繕本，並所得各家鈔本參閲之，或此有彼無，都非全璧。因擇其詩歌之合道者，共録之。更將歌論詩詞别爲上中下三卷，倫次昭然。但原刻難遇，余非敢擅改舊章也。因見其言言真諦，語語愜心，不忍使隋珠和璧没於塵埃，而漁莊老人惠嘉來學之苦心，亦足以長垂不朽也。

時同治元年歲次壬戌季春蓉復初子李保乾識

攖寧按 道藏全書中有漁莊邂逅録，古今圖書集成中亦有漁莊録。此二種雖不能説與丹道無少許關係，然皆非范文正公所傳之漁莊録，難免影射之嫌。

載民國二十五年（一九三六年）七月十六日揚善半月刊第四卷第二期（總第七十四期）

秋日中天自序

秋日中天，乃外丹書名。

「秋」之爲言金也；「日」之爲言火也；「中」則取義於土；「天」則法象於乾。蓋「秋日中天」，乃爐火之妙用，莫非金火施爲。金藏於坎，坎納六戊；火藏於離，離含六己。戊己既得，則刀圭合而臻乾。乾道變化，寧有窮乎？故水中有金，乃先天之乾金也。金藏水中，陽微陰盛，故以真火燒之，則火灼水枯，是爲戊土。火中有木，乃先天之坤土也。木藏火中，陽包陰髓，故以乾金合之，則木受金尅，是爲已土。戊己二物，分則爲土，合則爲圭。圭而成乾，如秋日至於中天，人所共仰而易見也。但人不知鉛中金氣，在乎真火煅鍊之功；火中木液，全憑乾金尅制之力，方克有成。否則徒費貲財，虛延歲月，大可悲也。

夫予自立之年，慕夫金丹之道，每爲方士所惑。作之者，雖說鉛汞之妙，而不知鉛汞交媾之玄；論之者，雖說陰陽之秘，而不知陰陽返還之理。執偏見以强符奧理，雖曰欺人，實是自欺。予由是痛恨而絕之，遍訪先聖之遺篇，而沉潛反復，參透奧旨，遂得驅龍就虎之秘，金木交併之玄。不敢匿而自私，乃述金丹總旨以提其綱，次作進道論以辨藥物配合之玄機，作進道歌以廣其次序。猶恐辨之不詳，更敷揚於各論，以足其說。復恐論之不約，則詠歎於詩歌，以闡其微。又述大藥圖於篇末，以完「秋日中天」之用，俾後之學者，得開其蒙蔽，以見中天之秋日，庶不爲方士所惑，則亦少補於外功，而爲濟世救貧之一助云。

大明嘉靖癸丑季春龍游越松山人祝雲鶴自叙

載民國二十五年（一九三六年）八月一日揚善半月刊第四卷第三期（總第七十五期）

十段錦自序 此書又名天台咫尺。

天地之間，一理而已，有理然後有事。外乎理者，不爲邪僻，即是怪誕。若非怪誕邪僻之事，豈得謂爲非儒者之事乎？ 寧按 非儒者之事，有何羞辱？是儒者之事，有何光榮？此公隱居天台五十年，可謂超然物外矣，而其見解仍如此拘執。無怪李朝瑞君，當夫婦床幃之間，尚大講其正心誠意之道也。

天地至理，莫大乎陰陽。金丹之爲道，取陰陽相合，是以有生生化化之妙焉。遠觀天地，近看夫婦，其理甚明。世之從事於此者，往往皓首無成，何也？只知徒讀陳書，不知要訣，故下手便差，漸流曲徑，誠可歎耳。

大抵世傳丹經，有真有僞，而得正脈者，惟漁莊錄、黃白破愚、悟真、參同等書。世人知此書之妙，而其間問答節次，先後要旨，茫然不知也。嗟哉！或以起手之初而作結局之事，或視成功之語認爲用功之言，故萬無一就也。

予寄跡天台，已五十載，閱讀者固多刊刻之書，經歷者實非尋常之事，故博採羣書要旨，列爲十段，又繼以十論。於其中有可疑者，則設爲問答之辭，以辨明奧旨。雖有丹經萬卷，亦不出此十論之中，可謂捐棄糟粕，獨剩精華矣。

書成，名曰十段錦，藏於天台之五老峯。後有得此書者，尋吾次第之序而從事焉，庶乎其不差矣。

天台老人自識

載民國二十五年（一九三六年）八月十五日揚善半月刊第四卷第四期（總第七十六期）

秋日中天跋語

明人祝雲鶴

大丹之法，妙在「用鉛不用鉛」而已。夫既曰金丹，又曰金液還丹，則知丹道用金也昭然矣。蓋所以作藥者，金精也；所以攝鉛中金精者，木液也；所以鍊金木而成真土者，兑金也。人俱知用鉛，而不知所以用鉛之法存乎珫；徒知用珫，而不知所以堅金精之妙在乎銀；徒知用銀，而不知所以假之煅鍊、資之乳哺之功又賴乎鉛。及夫養砂乾汞既成，則金液已得通靈。所以變化者，又在真火之功，而非銀鉛之所得專也。「轉制分胎三次後，却嫌宗祖是囂塵」，此之謂也。人能究心於五行生尅之圖，遍歷水火木金之地，而進研夫進火退符之旨，則金丹之奥可坐而得矣，又焉有破家耗財之患哉？

予因世之慕斯道者，没世昏惑，茫無所歸，可悲也夫。予固不惜所當秘，而於藥物配合火候之玄機，悉備於各詩之中，敷揚於歌論之内。凡下手次第，有不待言而顯者，復著數圖，以證藥物火候之説，而有確然不易之理。其文益省，其義益明，使學者易於測識。正如曒曒秋日，懸示中天，最明最正，人皆仰而見之，無秋毫或昧矣。得是書者，當熟讀詳味，則理與心融，事與理合，以證吾言之不誣。而作用之妙，存乎人智慧之巧，非予之所敢私也。故云：「認得鉛𥈭，頭頭是道；超得砂汞，路路可通。」信矣！

（載民國二十五年（一九三六年）九月一日揚善半月刊第四卷第五期（總第七十七期））

洞天秘典序

明人葉士盛

僕早歲讀易，至「窮理盡性，以至於命」「精氣爲物，遊魂爲變」等章，反覆玩索，則知人能修身，可以無死。至「西南得朋，乃與類行」「一陰一陽之謂道」等章，則知人欲無死，必須同類。是以薄功名而留心玄旨，搜閱丹經，將以順性命之理也。

壬午歲，幸遇至人指示長生久視之學，謂予必資貨財，方成仙業，否則抱道終身而已。因教以黄白之術，略而勿詳。復訪之有年，歷人亦衆，率皆妄誕，莫得精微。至戊戌夏五月，復遇金竅子李先生，談及玄旨，授以靈陽祖師洞天秘典詩章三卷，共六十四首。蒙其慈憫，無所吝惜，章章句句，面命耳提。心領神會之餘，似撥雲霧而覩青天矣。厥後鍊試，誠如所教，始知公不我欺，乃敢冒慢露之罪，遵其遺訓，分章註解。篇篇節節，都明下手作用之妙，而鉛汞所以然之理，詩中未悉。予因及之，以見至粗之物，而寓至精之理。

夫黑鉛，坎體也，禀北方壬癸之水，含酉兑之金，陰中有陽，戊土專之；硃砂，離體也，禀南方丙丁之火，隱甲乙之木，陽中有陰，己土值之。夫此金木混淆，水火交錯，其故何哉？蓋以乾南坤北，先天之定位也。後天太極一分，乾之金爻，奔入坤宫，破坤體而成坎卦。坎，水也，兑金藏於其中，謂之水中金。故黑鉛感得此氣，體具金水形質，而陰中有陽。坤之陰爻，走入乾宮，破乾體而爲離卦。離，火也，震木藏於其中，謂之火中木。故硃砂感得此氣，體具木火形體，而陽中有陰。若夫分陰分陽，則存乎其人矣。

金位西方，何以遷位寓於坎？蓋以金之盛在兑，兑不能久含其金，故生水而寄位於坎宮。又不能久居於後天之坎，以時發現而居酉位，含虛無真一之氣，爲先天至寶。惟至人知此金神化之妙，能主行丹道，俾金火交錬，催火促水，鉛枯金現，然後定火行符，取此水中之金，接制硃砂，是爲尅離中之木，實離中之虛，變汞木之青，爲兑金之白，點化銅鐵，以成至寶。夫如是又是何理也？蓋以鉛體屬坎，金水寓焉，謂之母子同垣；砂屬離體，木火居焉，謂之父女同宮。以砂鉛共錬，是以鉛之金母配砂之木父，鉛之水子配砂之火女，金尅木而木戀金，流戊就己，相爲有情，五行攢簇，四象會合，丹砂結焉。

黄白之理，如此玄微，非格物窮理之至，莫能窺其萬一。而妄言妄作者，獨何心哉？予潛心於茲，非圖富貴，將欲借之以購藥物，而爲進道之階梯。况内外金丹，其理一同，中藏真趣，故戀戀於此，形諸紙筆，勉强註釋，味道腴也。並藉以開後來學者，豈直遊於藝焉已哉？同志之士，如獲此書，以爲助道則可，否則不祥莫大焉。

成化戊戌年冬十月上浣日淮陰安陽青畦道人葉士盛識

載民國二十五年（一九三六年）九月一日揚善半月刊第四卷第五期（總第七十七期）

洞天秘典後跋

不知作者姓名。

洞天秘典一書，其來遠矣。至於曹洞清先生，已不知其巔末，況靈陽祖師哉？但旨甚玄而不荒唐，法甚便而不及外藥，固已可信。究此書之來，與夫得書成丹之故，則又鑿鑿可證也。

松江有陸公者，號散齋，諱萬鐘。於萬曆年間，代按荆楚。征洞酋奏凱，公與諸法曹按其罪，而究其造謀之故，始知由於黄白。蓋以金多而生僭心也。隨以汞試之，俄頃而明乾若干斤。諸曹及東西階人，靡不爲之咋舌。嗣後，命醫治酋疾而爲獻俘。諸酋竟以此書報醫士之德，醫士隨試而隨成。陸公知之而未敢行。俟任畢，擬與醫士同爲意旋舍行其術。至蕪湖，醫士無故嘔血卒，止遺此書。陸公未之竟也，因遺之與瑞兄。予今幸而得之。

噫！洞酋召戮，醫士卒亡，蓋由於不謹故也。甚哉！此書不可漫傳也。慎之！慎之！

攖寧按 洞天秘典一書，伍冲虚當日曾經見過。彼於仙佛合宗内，歷數外丹書名，洞天秘典即其中之一也。又碧蓮道人作黄白承志錄序，亦提及此書。但此書世無刻本，正統道藏及道藏輯要，皆未收入。**陳攖寧增批** 四川某種外丹叢書中有洞天秘典，刻版頗佳，戰前已不易得，此後更難覓矣。濟一子道書十七種雖將洞天秘典列入「外金丹」門中，惜其殘缺太多，殊不足供研究。往年友人謝無量君，在北平瑠璃廠書肆購得破爛舊鈔本洞天秘典，持以贈余，喜甚，亟讀之。奈脱句誤字不可勝計，竟無法校正。後幸得黄邃之君之鈔本對勘，逐字逐句，細校一周，始臻完善。此篇跋語，僅黄鈔本有之，他本未見。黄君之本乃從鄭君鼎丞處傳鈔而來，鄭君則得之於安徽丹士白雲谷，白君則得之於其師老古怪。所謂「老古怪」者，隱其名不欲人知。弟子輩訝其師言動拂於常情，戲以「老古怪」三字擬之。彼不爲忤，且樂以此自稱，人因從而名之耳。老古怪、白雲谷吾不得見，惟識鄭、黄。今者鄭、黄二君，已先後歸道山矣，此術殆成廣陵散乎？

載民國二十五年（一九三六年）十月一日揚善半月刊第四卷第七期（總第七十九期）

承志錄序

碧蓮道人

地元神丹大道，先取白金爲鼎器，凝結地魄，招攝天魂。銅符鐵券之法，旌陽而後，千三百年間，寥寥無聞矣。次之又有銀鉛砂汞一途，採先天之鉛，伏後天之汞，攢簇五行，和合四象，與內事金丹作用相符。鍊氣比之鍊己，配合一道，採取一機，溫養脱胎一轍。轉修服食，上接乎神丹，亦匪有二。但工夫煩瑣，造化幽玄，不比神丹簡捷，自非親得真傳，洞曉河、洛理數易象互藏者，不能知生尅制化浮沉老嫩之妙也。

近代仙真，著作頗富，如洞天秘典、秋日中天、漁莊錄、黃白鏡、金丹三論、夢醒錄、黃白直指、黃白破愚諸書，皆顯揚妙道，確指坦途。而求其藥物配合，火候節次，事事委曲詳盡者，則以承志錄爲稱首。上卷總詮大要，中卷製造二土，下卷九轉次第。詠之以詩，詮之以註。其言曰「鉛中之魄，非汞中之魂不能追；汞中之魂，非鉛中之魄不能住」，則藥物之清真也；「終一百四十四兩之數，而水火之氣方全；盡三百八十四銖之稱，而兩弦之氣始足」，則配合之停匀也；「五色雲中月吐華，癸生急採傳言久；威光鼎內火如雲，三十六時金電走」，則火候之應手也；「鍊鉛如粉又如塵，產出真鉛靈又靈；玉漿養就皆歸祖，起自刀圭次第行」，則節次之周詳也。惟太華宿具慧眼，家傳修鍊，故於鐵柱宮遇師授道，遂能曲暢宗風若此，洵入玄之寶筏，度世之金針也。陶子素耜細心校訂，補所未備，辨所易淆，又極始終融徹之妙。閱此一書，則凡爐火家言皆可坐廢。余甚嘉之。古云：「太上立德，其次立功，其次立言。」是書立言也，而德被斯人，功垂萬世，三不朽事業畢萃於此矣。

碧蓮道人題

攖寧按 承志錄固爲黃白術中之傑作，然謂「閱此一書，則凡爐火家言皆可坐廢」，實不盡然。各書互有短長，惟在學者深造而自得之耳。

載民國二十五年（一九三六年）十月一日揚善半月刊第四卷第七期（總第七十九期）

讀古文龍虎上經書後

陳攖寧

此經舊與參同契並稱，未審何代人所作。宋王道有註疏三卷，收入道藏太玄部。明一壑居士彭好古道言外編中，則標爲「軒轅黄帝著」，並謂「黄帝不敢自處，託言於金闕碧落之古文」，遂名爲金碧古文龍虎上經。不知何據？道藏輯要斗集所採，即屬此種。

龍虎者，蓋指陰陽二氣；上經者，即最上一乘之意。清初朱元育作參同契闡幽，力斥龍虎經爲僞，不許與參同契等觀，務欲貶而下之。今考龍虎經之文，類似參同契處正多，然其作用，迥不相同，未可顯分優劣。

參同契云：「乾坤者，易之門户，眾卦之父母。」龍虎經云：「神室者，丹之樞紐，眾石之父母。」參同契云：「天地設位，而易行乎其中矣。天地者，乾坤之象也；設位者，列陰陽配合之位也。易謂坎離。坎離者，乾坤二用。」龍虎經云：「神室設位，變化在乎其中矣。神室者，上下釜也；設位者，列雌雄相合之密也。變化爲砂汞。砂汞者，金火二用。」參同契云：「易者，象也。懸象著明，莫大乎日月。」龍虎經云：「金火者，鉛也。丹砂著明，莫大乎金火。」參同契云：「天地媾其精，日月相撢持。」龍虎經云：「神室鍊其精，金火相運推。」參同契云：「知白守黑，神明自來。」龍虎經云：「鍊銀於鉛，神物自生。」參同契云：「髣髴太淵，乍沉乍浮。」龍虎經云：「灰池炎灼，鉛沉銀浮。」

據以上所列，比類而觀，則知參同契借易象以明丹道，其義費而隱；龍虎經則專求神室，直指銀鉛，其辭簡而明。故參同契所敷陳者，乃三道由一之玄理；而龍虎經所搬演者，則天元神丹之實事。玄理易假，實事難誣，所以參同契之異説日多，龍虎經之知音愈少。

至是經之稱「黄帝」，亦猶黄帝内經、黄帝陰符經、黄帝宅經、黄帝龍首經之類，只求其書之能應用而已，不必問其真出於黄帝否也。

許真君石函記引金碧經云：「殼爲金精，水還黄液。」此二句見於今龍虎經中。是此經出世，尚在晉以前無疑，但未知較參同契孰爲先後耳。

載民國二十五年（一九三六年）一月一日揚善半月刊第四卷第十三期（總第八十五期）

讀浮黎鼻祖金藥秘訣書後

陳攖寧

此書道藏未收，道藏輯要列入「斗集」，標名爲浮黎金華秘訣真經。此外，尚有彭好古道言外、傅金銓外金丹、李保乾金火大成中，皆已收入。伍冲虛仙佛合宗語錄，嘗推重廣成子此書，謂爲外丹真傳。冲虛子於爐火一門，素有研究，言當可信。張紫陽序亦稱廣成子於崆峒鍊丹，度黃帝上昇，授以金丹秘訣金藥十二篇。則知此書傳世已久。其文雖非廣成之文，其法或是黃帝之法。

張序首尾共計千餘字，括盡神丹法象。世徒知紫陽悟真專講人元，然而爐火之事，在參同契已見明文，紫陽得丹道之全，豈有不知外事者？即如悟真所云「鉛遇癸生」「金逢望遠」「送歸土釜」「厮配流珠」以及「潭底日紅」「山頭月白」「地魄擒汞」「天魂制金」各等語，皆屬爐火之事。悟真雖借地元名詞，以喻人元作用，然必先明其法，方能借用其名，不待智者而後知也。

葛仙翁一註，殊不類晉人手筆。考葛仙翁名玄，字孝先，即葛洪之從祖，得受仙術於左元放，再傳至鄭思遠。稚川復從鄭學，盡得其秘。今觀抱朴子遐覽篇，歷數其師所藏古道經目錄，不下二百種，未曾見此書名。抱朴子最喜表揚祖德，果當日葛仙翁有註，何忍聽其淹没無聞耶？

又凡自古仙家所傳拔宅飛昇之說，蓋言神丹成就，全家眷屬服之，皆羽化而登仙耳，非謂住宅真可拔起也。葛註乃謂：「若欲拔宅，只以清泉研洒三粒，不時門牆屋宇盡皆昇舉於巫山雲雨之程。」無論其屋宇能昇舉與否，試問仙體清虛，不居貝闕琳宫，而戀此人間敝宅何用？

再者，「浮黎鼻祖」四字，人多不識其義。蓋「浮黎」者，乃先天真土之名也。浮者虛浮，黎者黎黑。當劫初混沌未開之際，浮黎真土，遍滿太空，歷幾何時，方能凝結而成世界。以其虛而不實，故曰「浮」；闇然無光，故曰「黎」；天地萬物莫不由此而生，故曰「鼻祖」。

載民國二十六年（一九三七年）一月一日揚善半月刊第四卷第十三期（總第八十五期）

黄白直指序

直指何爲而作？懼黄白之失其傳而作也。蓋自許、葛、鍾、吕等輩紛紛迭出，仙仙相承，而黄白之傳有自來矣。迄今千年，玄風寖息，丹道湮微，後學茫茫，百無一就。今作爲直指，以鼎器、藥物、配合、火候四者，本末始終，直言直引，撰起貧讚，以總其綱。次步敲爻歌五首，以列其目，庶開黄白之迷途，謹救後學之風弊，故名黄白直指云。

成化丁丑夏四月甲寅福建陳自得序按：丁丑，或作「丁酉」。

攖寧按 明憲宗成化年間，無丁丑年，若作丁酉年，亦不合。蓋丁酉乃成化十三年，而竹泉翁作此序時，當在作鉛汞奥旨序以前。考鉛汞奥旨一書，本是繼黄白直指而作，以補其未盡之意，奥旨序既作於成化六年之庚寅，則直指序或是作於成化三年之丁亥，較爲近似。

載民國二十六年（一九三七年）八月一日揚善半月刊第五卷第三期（總第九十九期）

黄白直指跋

陳君竹泉與吾爲中表親，好神仙術，財產費盡而不悔。人皆譏笑，予獨佩其誠，每資助之。彼幸而一旦頓悟真詮，得臻至道，撰此授予，蓋不忘昔日之意也。顧予淺薄之夫，何足以知此？然既承君惠，稍試，果驗。因思鉛汞二物，本於坎離，生出震兑，坎離則又皆居坤土，遂不揣固陋，以此五卦畫之於首，各讚八句於下，庶幾於丹道少補萬一云。

興化汪誠好真氏跋

載民國二十六年（一九三七年）八月一日揚善半月刊第五卷第三期（總第九十九期）

黄白直指跋第二

余少慕丹道，迄不能成，放浪江湖，冀遇明師，引登覺路，乃得與汪君好真友善。久之，始克覩其秘藏，大率真僞混淆，瑜瑕相半，深爲惋惜。惟陳竹泉先生所著黄白直指一書，其間言丹道之難，與藥物配合火候之旨，以及分胎接制，布列四象，攢簇五行，靡不畢具，誠修玄之要旨，而至道之真傳也。捧讀再三，不忍釋手，因忘其譾劣，敢薦蕪詞，用列汪君之左。雖珠玉在前，不無形穢，而高山仰止，亦聊寫我心耳。

毗陵董中守一氏識

載民國二十六年（一九三七年）八月一日揚善半月刊第五卷第三期（總第九十九期）

鉛汞奧旨序

予早年讀書，粗知禮義。及長，篤好玄門，罔知至道。遍訪明師，廣求高士，歷經數載，未見一人。進道無方，退而有憾，於是獨取諸祖丹經，列仙書傳，朝夕玩味，歲月窮研。誠格皇天默佑，神明鑒衷，一旦豁然頓悟，乃知是理不假外求，實在陰陽五行之內，天地造化之中。然而理固契之於心，事未經之於手，況夫時至窮冬，命逢拙運，乏財爲助，抱道難行。千慮萬思，無策可圖，遂鬻田一段，得銀數錠，試之有得，屢爲屢驗。感造化之非常，不敢私於一己，志欲普度後世，乃作歌賦數篇，詩詞百首。尚未盡詳，誠恐有誤將來，故復作是書。鼎中配合，火候工夫，細具條陳，不辭輕洩之罪，甘獲慢露之愆。寄語同道，勿侈勿隱，於是乎書。

明成化庚寅仲春福建陳竹泉自得序

攖寧子曰　余昔日所見黃白直指舊鈔本，其中錯誤脱落之字句，幾佔全部十分之二三，竟無法可以卒讀。當時頗欲逐字逐句爲校補，預算需兩閱月方能蕆事，亦無此暇晷。今只將原書序跋四篇錄出，以供好此道者之參考而已。另有少許感想，略表於左。

（一）此書作者陳自得先生，當日研究丹道二十餘年，歷盡千辛萬苦，一朝豁然頓悟，不假師傳，故以「自得」二字爲名。其堅忍不拔之精神，真可謂駕乎歐美各國大科學發明家以上。因我國學者所處之環境，其惡劣乃百倍於歐美也。吾人今日遭際且然，況遠在四百七十年前頑固而兼保守之社會乎？作者毅力誠不可及矣。至其書每喜用隱語令人難解者，亦有苦心。試觀本刊上期金丹三十論中言理不言訣一篇，即知其故。蒲團子按：金丹三十論即金火燈正文。

（二）神仙學術，自古以來，常招庸俗之毀謗，已爲公例。陳君鍊丹無成，受人譏笑，本不足怪，所可怪者，則在汪好真君之特垂青眼，不以成敗論英雄，結果居然厚食其報。求之今日，非但竹泉翁如鳳毛麟角，即如汪好真其人者，又安能數覯哉？

（三）董守一氏雖自言所學無成，尚賴尋師訪友，然能辨真僞，識瑜瑕，其眼力畢竟不凡。余常見世人讀外丹書不終篇早已昏昏欲睡；或廢書而歎；或怨詈作書者故弄狡獪，愚弄後學；或批評作書者自私自利，不肯公開；或者直斥爲迷信而非科學。凡此種種態度，皆於丹道無緣。求一似董君所云「捧讀再三，不忍釋手」者，殆罕有其人。仙風寥落可歎。

載民國二十六年（一九三七年）八月一日揚善半月刊第五卷第三期（總第九十九期）

新刻金火集要序

就正子

仙道之書，號曰「金丹」，又曰「丹經」。夫金者，堅之稱；丹者，圓之喻；經者，路之所必由。其中，言鉛汞，言龍虎，言日月水火，言黃芽白雪，言夫婦交姤，言陰陽配合，有比喻之言，又有真實之事。妙哉神乎！誠修養者之不可不知也。然丹分内外，有内丹，尤有外丹。内丹借外丹以明其理，外丹輔内丹以成其功，二者相須而行，缺一不可。

計予髫齡讀書，甫至弱冠時，屢嬰疾病，於是隳心功名，即存好道之志。凡占卜、術數、天文等事，靡不細心研究。後以母病彌年，遂歷朝名山，遍訪仙跡，所遇非無其人。然說雖元妙，總不出靜坐孤修，與丹書多不相合。後經明師指示，得周易真傳，於參同、悟真之理，獲其大略。然内丹雖明，外丹猶茫然也。及遊錦城，荷蒙師恩，授以外丹秘旨，復出鈔本古書二十五種，新著了易先資一册，號曰金火集要。披書細玩，條理不紊。何者金，何者火，何者黃白，何者服食，下、中、上三元之說，目之了了然。乃知世所謂燒丹者，皆詐財術也。是書不出，世之假道斂財、挾術惑人者，將伊胡底？由是慨然有刊板之思。時有王君遜業、彭君躋軒、黎君顯文、堂兄建之、胞弟鎮南僉有同志刊板之議，益以定。而龍虎經、承志錄、金藥秘訣等書，前已有人鏤板成集，茲並合爲一部，共成完璧，所謂「善成者乃至於大成矣」。

總之，丹道易得，功行難就。無論内丹、外丹，未有心性不純、善功不立而可以妄爲者也。願業斯道者，積功累行，上合天心；願閱是書者，詳求其理，勿泥其辭。言内丹以周易爲本，言外丹以此書爲的，庶幾道有真傳。即參同契之三相類，養性、御政、服食，理同而事不同，皆可得參其奧、契其微，彼方士安能售其奸哉？至若安爐立鼎，丹財緣分，雖曰成事在天，亦謀事在人耳。鄙見如此，願質海内高明。

大清同治閼逢困敦歲金旺月火庫日南湯氏會全就正子序於温養閣

陳攖寧手寫本，載陳攖寧等手抄本金火大成，約抄於一九二一年以前

金火集要自序

李保乾

天元神丹大道，先取白金爲鼎器，凝結地魄，招攝天魂。銅符鐵券之法，自旌陽而後，千餘年間，寥寥無聞矣。若夫造土養砂，雖非上品神丹，實係地元正道。死砂死汞，固屬難圖；死銀死鉛，尤非易事。且銀鉛砂汞，皆屬凡體，生者必制其死，死者必鍊其靈，自然超凡成聖，漸入佳境。况五行生尅制化，先天作用與後天不侔。如水逢木死，金逢水死，火逢金死，木逢火死，此所謂顛倒陰陽，逆施造化，而使龍變虎體也。學者只知死砂死汞之爲難，而不知死銀死鉛之匪易。若要死汞，先須死砂。若要死砂，先須死銀。若要死銀，先須死鉛。獨死銀死鉛知之者鮮耳。即如金丹起首以採金爲要，採金者，從紅入黑，結水內之金也。經云：「鉛必鍊而後通靈。」但鍊之有法，採之有時，其間玄妙，漁莊錄採金歌中一一詳盡，必熟悉了然，方可下手。如藥物不真，配合不知，火候、爻銖不明，雖然大概相就，彼此情意不洽，安得通靈而立丹基？至分銖定兩，全在真師口授。後學虛心，非可臆度而得。但平素不先熟玩丹經，即遇明師，何能辨其真僞？所以古聖留傳丹經，接引將來，其間議論，昭然可據。考之上士，始也博覽羣書，次以遍訪道侶。以道對言，所參無異論；以人驗道，所師無狂徒。後之學者，安得謂口訣不垂竹帛，而竟不留意探討哉！至於讀古人書，一字一句，不可苟且抹過，又不可執泥片語而不融會全文，以犯時弊。古語云：「讀書百遍，其義自見。」百遍且然，況千萬遍哉？又云：「丹經不厭千回讀，熟讀深思理自明。」信不誣也。若云我自有秘傳，其藥物、火候，乃古丹經之所未有、太上金誥之所不言。此乃妄人，不足與議者也。

乾髫齡時即慕斯道，每爲方士所惑。作之者雖說鉛汞之妙，而不知鉛汞交姤之元；論之者雖說陰陽之秘，而不知陰陽返還之理。竭資廢業，毫無成效。兼以家運迍邅，未遂素心。後遇至人，聆其大旨，命覓訪先聖遺書，累集數十卷，名金火集要。下韋編三絕之功已四十餘年，始知驅龍就虎之秘，金木交併之元。因乏丹貲，遍訪名賢，緣奇不偶，道器難逢。與乾相識者須（陳攖寧頂批：須，當作「雖」）多，各有自拒之病。或好名而貪利，或挾貴以驕人，或豪富而吝財，或家貧而難舉，或持偏見而妄解古訓，或求速效而專務旁門。種種弊端，難以盡述。

嗟乎！光陰易度，歲月如流，乾今年踰古稀，猶拳拳不置。茲值錦里春回，融日餘暇，集諸經中要言以增述之。今之方士有妄言知內丹而不知外丹者，有妄言知外丹而不知內丹者。究之皆非真知也。蓋內外本乎一理，明乎內事得藥於片時，即明乎外事採金於頃刻也。然可爲知者道，難與外人言；可爲有德者傳，不可爲無德者告。况大道主之者天，成必以時，惟靜俟之已耳，可庸心於其間哉？

乾著有了易先資一册，其中三論，雖不敢曰黃白之準繩，亦足稍資開悟，祈高明諒之。

大清光緒甲申歲花朝月老聖壽日唐昌復初子仙舟李保乾題於錦城講易山房

陳攖寧手寫本，收錄於陳攖寧等手抄本金火大成，約抄於一九二一年以前

金火集要序

張守和

從來盈天地之間者，皆氣也，合而爲太極，分而爲陰陽，化而爲五行。天地萬物皆以五行統之而莫能外。五行之内，惟金禀不朽之質焉。蓋水有時而竭，火有時而滅，木有時而朽腐，土有時而崩塌。金雖畏火，然真金得火而色愈光，但其體堅重，不堪服食，故古聖人以火鍊成大藥，名曰「金丹」。

丹者，火之色也。答論神丹云：「以火鍊金，而至七返九還，不知何者爲火，何者爲金，純是一團陽氣。」故五金八石鍊之成寶，愚夫凡民得之成仙也。至下手修爲，總不外乎鉛汞，以鉛本金也、汞本火也。然金生於水，故鉛名黑虎；火中有木，故汞號赤龍。且鉛含戊土，汞含己土，一鉛一汞，而五行備矣。但驅龍就虎、木火採金、神水華池之妙，能知之者鮮矣；能爲之而能成之者，更鮮矣。

余承師授，歷有年所，屢因時勢艱阻，未獲良緣修鍊大藥，爰將師授丹經彙集成帙，名曰金火大成，凡言天元服食、地元點化者，莫不具載，獨死倭一法，未得繕本。然細玩此數十卷中，言藥物，言配合，言火候，各有詳略之不同，如能會而通之，丹道已十得八九矣。

竊見世俗鈔錄經文訛誤者多，今將所集繕本梓行，以公同好，庶使前賢之心血不泯滅於人間，而後世有志之士，廣覽遺編，因文啟悟，皆得成大羅天上客也。

大清同治癸酉孟秋萬春抱元子張守和識

陳攖寧手寫本，載陳攖寧等手抄本金火大成，約抄於一九二一年以前

明福建陳自得　原著
皖江陳攖寧　重校訂

琴火重光

校刊琴火重光序

琴火重光，爲黄白術中之一種，即三元中之地元也。其用鉛用汞、點金點銀者，即物質原子、電子之變化，科學中之最高等化學也。故現代化學專家亦謂原子有互相轉變之可能，而不敢堅持原質不變之舊説矣。其實，此種道理我國古代早已發明，故常云「一本散爲萬殊，萬殊還歸一本」。至於地元之術，亦不外是耳。

美國加利福尼亞大學教授威廉斯博士（Prof. Dr. E. T. Williams）云：「磁針、火藥和印刷三事，既已公認爲中國對世界的大貢獻，現在我們還要承認化學亦起源於中國。」兹悉威廉斯博士，係通曉漢學者，其對於中國古籍研究甚爲精詳，故能肯定判斷以上幾點。惟我國古人對於地元一術，每私相授受，書中多用隱語，使後學不易探索，遂致此種高深之學術，湮没無聞。即偶有此類書籍發現，亦無人肯加以研究。

近閲美國約翰生（Obed. S. Johnson）所著中國鍊丹術考（*A Study of Chinese Alchemy*）一書，對於鍊丹步驟法則，雖未曾明載，而其閲讀中國丹道書籍之多，並能條理精詳、徵引贍博，即在我國中亦罕見其人。竊恐此種學術，將來難免不爲西人盜去，然後改頭換面，認爲彼等所發明，於是，我國一般自命爲新人物者，又震而驚之，盛誇西人科學之萬能，反客爲主，寧不哀哉？

銘對於地元丹法毫無心得，然嘗聞攖寧陳師所講臨爐之景，殊親切而有味。琴火重光鈔本，乃高觀如道兄由北平坊間無意中購得寄來者。高君學識宏深，尤喜研究地元之術，其寄贈是書者，蓋亦善與人同之至意也。惟是書鈔本，歷年悠久，破損脱落處甚多。而當日轉輾傳鈔，筆誤自亦不免。乃呈請吾師親手校正，並填補數字。尚有幾處缺文無法填補，姑留空白，以存真相。

銘素日發願流通道籍，地元一派，將成絕學，在流通素愿中更爲首要。況是書爲地元丹法之名著，而世間又無刊本，自不忍聽其終於湮没。爰製版發行，俾供海内好學深思、志同道合諸君之研究。倘再能參考别種地元丹經，得其公式，臨爐實驗，克底於成，自利利他，兩全其美，豈非宇宙間一大快事哉！

謹弁數言，以識其緣起如此。

民國二十七年戊寅閏七月上海竹銘張廣勳序於翼化堂

琴火重光序

陳竹泉先生，閩人也，名自得。少時性極純。將冠，始學詩。年二十四五，頗究性理天人之學。既而爲文詞序記以自研礪。

明景泰庚午，教書薇垣方伯家，以先生執承事員而進官，負氣弗往。會太守太尹咸以明經舉，亦不就，惟留心醫術以活人。後遊江湖，於諸子百家靡不涉獵。由是天文、地理、兵法、卜筮、釋者之學，悉惟尋究，窮年終歲，手不釋卷，然僅免爲一庸俗人而已。每殫思竭慮，欲超乎草木同腐之外，而卒未能，至於流涕。

癸酉歲，邂逅外丹之事，獲覩點化黃白神效，遂趨事之，執弟子職。三載餘，家貲、寶物、器玩、琴書一爲之空，終無所得，知爲竊丹僞人，乃退而日夜尋試究裏，寢不安席，食不甘味。每十試一驗，凡利害得失皆以爲師。自是知識日長，道理日明。嘗言「內丹先天一炁爲擒汞之妙藥、結丹之至寶，號曰『真鉛』。然此真鉛之名，正假象於爐火，爲無極之根，名天地之始，本萬化之源，妙陰陽之用，非至人不能得，非至聖不能行，非賢智不能知，非明睿不能察，緣淺不足以見，德薄不足以聞。故外丹之士，非此，則三黃八石草木雜料而難施；識此，則如指諸掌，簡而且直。但在人得之難易不同。凡有志於是者，能聚精會神，勤求寤想，自有神明默佑。一旦豁然，如剪荊棘而通大道，如披雲霧而覩青天」云云。自此形諸歌詩，以寫其懷，積日成卷，曰養道策，時成化三年丁亥也。余閱之，其詞中竅者，僅十之一。譬諸金之雜以泥沙，雖間有發露處，而終掩其光，心竊疑焉。後得琴火重光，其所論真鉛真汞，抉破幽隱，誠如百鍊精金，較之養道策不啻天淵矣。又見先生南呂一枝花，有「入斯道四十餘春」句，深歎學道苦心。但按之明史，癸酉爲景泰四年，至成化三年丁亥，僅十五年耳，何以有「四十餘春」之語？及讀至「辛酉年遇至人親傳口訣」句，乃知丁亥已前之養道策，雖連篇累牘，先生尚無所遇。而琴火重光中則曰「敢道無師自悟」，又曰「盲師不信有真傳」，其爲辛酉遇師後所作無疑。可見，求道者，非久歷艱辛，明師指點，必不能得也。

先生詩云：「破琴燒火鍊凡鉛。」故取義以名其書。太華山人承志錄實本於此。然錄中但言金穀歌、漁莊錄、秋日中天、洞天秘典、黃白直指、黃白破愚六書，不及琴火重光，意此即悟玄子所授之秘本，而不敢輕以示人歟。

方士轉相鈔錄，字句多訛，余特爲校正，以爲求道者筌蹄之一助云。

雍正六年仲春玉峯山人陽春子題

琴火重光讀者須知

一，本書作者陳自得先生，號竹泉，乃明朝福建人。余昔日所藏黃白直指與鉛汞奥旨二書，其自序之末行，皆有「福建陳自得序」字樣。本書陽春子序，亦言先生爲閩人。而本書原鈔本，首題「明福堂竹泉陳自得著」，今疑「福堂」乃「福建」之訛。故刊本竟將「福堂」改作「福建」，仍記原文於此，以存真相而昭慎重。

二，玉峯山人陽春子序，作於清雍正六年，序中斷定本書爲辛酉年遇師以後所作。考辛酉乃明孝宗弘治十四年，在雍正六年戊申前二百二十七年，而雍正戊申到今歲戊寅，中間相去又二百一十年，則是吾等今日校刊此書，距昔日作書時代，已經過四百三十餘年，作者之精神亦可以不朽矣。原鈔本序跋兩篇之後，有玉峯山人印並陽春子印各二枚，色猶鮮紅，知其爲玉峯山人親手校正之本無疑。

三，陳自得先生外丹著作共有三種：一黃白直指；二鉛汞奥旨；三琴火重光。三種皆無刻本行世，惟少數爐火專家歷代秘密相傳，奉爲枕中鴻寶而已。戰禍既作，轉徙流離，前二種鈔本不幸遺失。喜高觀如君，偶於北平書肆覓得舊鈔本琴火重光，持以示余。此本今日在陳著外丹書中，殆爲僅存之碩果，亦即竹泉翁畢生研究之結晶。明清以來，各家外丹書常引琴火重光中詩詞語句，以證己說之不謬，可見本書在外丹著作中實佔重要地位。黃白直指等書已遭劫運，安忍令此書再受同樣之厄？是則余等今日製版流通之微意也。

四，仙家丹法，大別爲四：天元謂之神丹，言其神妙莫測；地元謂之靈丹，言其奪造化靈氣；人元謂之還丹，言其還我固有；黃白謂之金丹，言其點石成金。地元能點金又能服食，黃白止能點金，不可服食，此乃二者不同之處。本書西江月第七首云：「以石點成恰易，將人服食終難。」因此可以斷定，本書乃黃白丹法。

五，本書陽春子序中所列舉各書名，如承志錄，今在道言五種內；如金穀歌、黃白破愚，今在濟一子道書十種內；如漁莊錄、秋日中天，今在金火大成內；如洞天秘典，雖有刻本，然甚不易得，濟一子外金丹中所收洞天秘典，僅寥寥數頁，殘缺實多，而金火大成中竟隻字未收，皆爲遺憾。又余往日所藏漁莊錄舊鈔本，內容較金火大成中漁莊錄，詳略互異，正擬使之合璧，以全其美，不料亦隨黃白直指而同逝矣。可歎！至於序中所謂成化三年前所作之養道策，世無此書，意即黃白直指之初稿耳。

六，附錄中序跋四篇，雖無關宏旨，然以原書既失，僅留此序跋四篇在揚善半月刊中。

而揚善刊又因戰事停版，倘不乘機將其附載於此，竊恐若干年後，考古者欲求此四篇序跋且不可得，遑論原書耶。是亦慰情聊勝無矣。

中華民國二十七年戊寅中秋節皖江陳攖寧識於上海仙學院

琴火重光

明福建竹泉陳自得　著　皖江陳攖寧　重校訂

鉛汞賦

黑鄧鄧一塊鉛，何處辨庚辛壬癸？紅洞洞幾顆砂，誰分他女父雌雄？欲求大道無窮，且說金丹二字。始兑終乾，九還次第；用離生坎，下手工夫。鉛非真礦，難生潔白之銀；煎必灰池，務求騰倒之法。黄轝神室，一物而兩其名；真水真火，兩弦各從所出。翻三十六宫卦象，五百七十六數須完；合七十二候陰陽，一百四十四星始足。雞巢少鳳凰胎，千萬休談雜類；狀元本秀才子，叮嚀莫棄凡鉛。鉛土鉛皮爲戊土，分明騙子生涯；砂皮砂殼作天旒，大率迷人孽障。若不先明順逆，豈知就裏玄微？鉛用釜鎔，旒子浮沉顛倒；銀爲鼎器，硃砂皎潔輕清。二胎水銀混沌死，即流戊就己之時；三胎宗祖是嚚塵，正去戊從己之日。九鼎功成，日日三家配鍊；前人德大，枝枝一様朝宗。大抵外凡而語聖不明，論氣不論形不備。鉛本坤申，非木火焉能成坎；砂爲離午，無金水未易還乾。是以片晌結胎，見交姤陽池妙用；三番逆鍊，正混元去癸奇方。總之二物，皆要枯焦；　到底三人，俱成正果。父布精而母納血，功德維均；　妻孕子而妾乳哺，劬勞並似。滕無壓嫡科條，孫有紹祖名義。畢竟飯由米造，丹自藥生。故柴米均勻，則飯熟屆期；　藥生真正，則丹成反掌。不盜不成，成後何勞盜盜；　不生不死，死時偏解生生。而況點化易於成銀，其實死鉛難於死汞。是道也，非真傳實授，任過顏閔聰明，若瞎鍊盲燒，笑殺兒童戲劇。鍊士須知，吾言不再。

詠鉛銀砂汞

其一

枯鉛端的用鉛枯，不會枯鉛莫强圖；　蟹沫蚌珠儂見也，獅頭瓊樹子知乎？　硃砂潔白方爲美，癸水玲瓏不似初；　更有天機盡露洩，陰陽池數莫糊塗。攖寧按　「獅頭瓊樹」在別種地元丹經上皆作「獅頭橘樹」，蓋象形也。

其二

西鄰少女兑方成，原向坤家寄體生；　曾吸龜精過黑海，因烹雀髓入紅城。黃從白裏生無歇，氣得先天積不輕； 神室怪來人不醒，獨將庶母强呼名。

其三

青龍弦氣號天暁，見火分明不可留； 說到砂皮真是夢，能尋金液果良謀。 陽還赤橘三家鍊，火養鮫鮹九鼎優； 己土功成名不細，孫孫子子祝千秋。

其四

先天名是後天名，坎裏離宮一味清； 邂逅真金甘戢伏，盤桓神火自分明。 乾時迫索終成土，死去通靈解化生； 個裏玄微能透却，神仙眼見世間行。

詠坎離震兑

丹理雖微，不出坎離震兑四卦，故夫妻父母、男女子孫，率皆自然法象。 乃知仙道人道，等無差殊，惟有順逆之別耳。 然而，顛倒機關，可以卦爻考驗。 初則以離就坎，是謂將紅入黑，女反求男； 次則以坎尋離，是謂以黑投紅，男來悦女。 少女長男，二物相含真父母； 中男中女，兩家共長聖兒孫。 大道此其端倪，達者自當了悟。

壬精☵以坤承乾，內實爲坎　木火☲以乾交坤，中虛爲離

長男☳陽伏坤下，子繼父體　少女☱寄生於坤，終還於乾

其一

冥冥何所見，一畫寄中心；　木火勞相引，辛壬始可尋。翻騰兒挽母，生殺火留金；窮到鴻濛處，方知理最深。

這個一，這個一，可惜人人都不識；　太極中藏無極來，外見陰形內陽質。木火勾引到底裏，辛壬漸次呈顏色。坤爲母兮兑爲兒，來來往往奇又奇；　金爲夫兮火爲婦，顛顛倒倒無窮數。丹願若外黑鉛求，天地茫茫無去路。

其二

姹女南園住，娉婷大可憐；　陰心陽是面，木質火爲弦。甘伴金同死，偏尋水底眠；也知成己土，根脚是紅鉛。

這個火，這個火，偏向南園角邊躲；　就裏懷藏一女娘，向外尋來是個我。是個我，號龍弦，嫁與金公水國眠；　懷胎因借氣，產子得長年。欲識黃婆爲己土，天晥名

姓是紅鉛。

其三

九三長公子，年少正風流； 繼體東方續，分符月角遊。看花甘此醉，遇土得身留；出子陽來復，生生更起頭。

震震震，生誰見，形容到處能更變； 向劫先天洩出來，十二宮中都走遍。月角受陽符，東方繼父體。滿腔金液醉歸時，一塊黃土留身地； 陽來復見天地心，生化化生千萬世。

其四

少女出西鄰，惟應母最親； 翻騰金漸聚，生殺火留金。神室虛無長，紅綾點化真；若將凡品共，誤我世間人。

兑兑兑，是坤生，母子相連大有情； 暮暮朝朝身不舍，翻翻覆覆事堪驚。消陰爲戊，求陽爲己； 得金則成，得火則明。神室紅綾一個物，無限大丹從此出； 世人將此抱砂汞，神仙天上稱冤屈。

金火條目按二十四氣

其一

木火追金理最幽，坎離精氣片時投；　世人不識神仙意，空與砂鉛作寇讎。
　黑鉛四斤，硃砂八兩，分銖定數，按候對時。　灰池既已鋪張，圍屏亦有式樣；　若非覿面親傳，豈與砂鉛作障？

其二

採金一着果誰知，木載金浮始得宜；　月白日紅非景象，請君究取癸生時。
　金公深居，木母叩户。　個裏太陰黑魄，全借陽光生明；　喻以月白日紅，非指池中景象。　世人不悟，等等猜評。　若能究取癸生，會見秋波瑩淨；　老嫩既已消詳，交姤豈宜怠緩？　鉛當四八分池，砂以八八配數。　宜依次第，勿弄聰明，的旨當求，邪言勿聽。

其三

鎔鉛用釜妙如何，一訣分胎總未多；說是用鍋君不信，冷鉛熱火更知麼？
　馬牙榴子，剛脆異常，再鼓再鎔，金沙始出。若非親眼看來，誰知用鍋妙絕；熱火冷鉛薰蒸，字字都須敲破。

其四

金木相逢却有情，龍吟虎嘯果同聲；從此金粟松花長，五日三方火候平。
　金木相配，一氣氤氳，金戀木而浮，木得金而沉。靜養五朝，松花簇簇，浮沉升降，虎嘯龍吟。妙哉奇哉，形容不盡。

其五

若個能分金水胎，青龍飛舞上頭來；築灰注水還加火，頃刻浮沉見聖材。
　如法行時，香消半炷；塵埃剝去，再鍊休疑。

其六

誰辨先天與後天，金郎少女結姻緣； 配來二八池中鍊，庫戊生寅火自然。

鍊母鍊鉛，原非二字； 分胎既定，方配後天。池稱陰陽，自有分別： 陰是鍊鉛以消癸邪，陽是鍊銀以足陽氣。 此訣不明，盲燒無益。

其七

黑龜白虎兩風流，虎啖龜精勢未休； 賴得丁公多奮武，虎頭容易變獅頭。

虎奔陰池，魔方退步； 丁公罷戰，便見獅頭。 不教癸去他鄉，黃輦何由可造？神仙喫緊機關，勿與非人妄示。

其八

金華三百八餘銖，八兩中間一兩居； 四九宮中春不老，翻來卦象本如如。

採金總數，要足金花三百八十四銖，必從金水一百四十四數烹來。 池分陰陽，度各四九； 周天火候，聖智難量。 千金莫許，非苟而已。

其九

五百功完七六多，半斤炁足笑呵呵；　蓮開半井花如玉，天上人間見也麽。

八還功完，半斤氣足。歷五百七十六數之勤，僅三百八十四銖之半。蓮開半井，以喻上弦。花白如玉，幾人得見？

其十

誰人能見白硃砂，不遇神仙莫亂誇；　返本還元同轉錬，總名白雪與黃芽。

離入坤宮，硃砂返本；　先後翻騰，紅黑返白。黃芽始發，白雪終凝；　嗚呼奇哉，不容易見。

其十一

戊土功成玉粉佳，鮫綃火養吐光華；　功夫到此須求己，結就刀圭始足誇。

從紅入黑，功竣於此；　以黑投紅，期須託始。

其十二

青龍弦氣號﨔珠，汞去流珠鼎底居；　却笑世人迷不醒，薰蒸浪去取虛無。

汞入霜中，﨔居鼎底，治玄元以降燥性，歸玉池使離原形。一後一先，不容紊亂，若去薰蒸，可惜夢中說夢。

其十三

龍虎雙弦結作團，相期徹底盡焦乾；　由來火候須勤守，寒煖調停亦大難。

刀圭始結，混沌難分；　寒煖調停，全憑火候。戊己相合，期望純乾；　周天火候，不可不知。

其十四

欲馴龍性事非輕，金氣雖降未肯平；　解把浮陰升盡了，三家合一鍊方成。

﨔珠爲龍，極難馴服；　氣精交姤，未盡純和。若不升去浮陰，猶恐尚留頑髓。三家合一，配鍊方成。節節如斯，差殊不得。姹女雖配金公，猶恐陰汞未絕，須升去浮陰，再三家配鍊，始爲純陽已土也。

其十五

三朝沐浴火悠悠，爲繼升陰暫少休；　靜養以文休怠忽，看成紫粉作丹頭。

頑髓既升，藥苗漸老；　三朝文火，靜養安然。　施翻覆制鍊之功，有變化無窮之妙。

其十六

二百陽爻一六明，丹砂鼎内一靈生；　不緣九九更烹鍊，安得純陽己土成。

一養一鍊，反覆施爲。　鼎池調神歸虛，次第井然。　每言九九，共終陽符之策二百一十六爻，方得火氣純陽，變成真土。　九九者，乃十八日也。

其十七

百日如將花結菓，剛剛四鼎算丹砂；　假饒欲試神威力，先取刀圭驗着些。

百日功成，砂名四鼎，如花結菓，性漸純和。　先取刀頭圭角，便堪制汞成真。　此時小試其端，功畢方圖於後。

其十八

曲房戊己密多時，限滿應知別有期；　四九時中勞丙叟，兩弦真氣始分離。

三胎得靈，功成者退。去戊存己，此正其時。混元鼎內，電掣雷轟。時經三十有六，水火乃克判形。允宜珍重，萬勿躁急。

其十九

九鼎晼分獨自居，牟尼五色耀靈珠；　等閒一粒能乾汞，試問人間見此無？

姹女已懷金胎，從此含真育孕。碎如金粟，試投一粒於濕汞，便作秋蟬朗鳴，剎那真死。希哉奇哉，豈容易見？

其二十

土生萬物本從來，金穀無邊向此栽；　生熟何妨頻接制，通靈博厚始奇哉。

土作玉田，砂爲金穀。以生接熟，上應河圖。新舊相半，金火轉鍊。如斯博厚通靈，何患不收萬斛？

其二十一

九九陽符恰若前，祛陰靜養亦無偏；　華池二妙同前會，新土渾教變玉田。

前以陰陽向配，後以後天相續。前後陽符，皆言九九，祛陰靜養，功與前同。二妙華池，中女少女，交鍊如初，坐看新土，變作玉田。以旴伏旴，旨哉旨哉。

其二十二

龍弦紫粉已成金，四九施威火力深；　從此體堅能養育，仍仍總總與林林。仍仍，眾多貌；林林總總，繁盛貌。——攖寧附註

轉轉制鍊，造己功成，體雖强健，神未還虛。故必赤龍炎燥，四九施威，方得通靈無比。考三十六火候足有之機，與神火煅鍊灰塵之訣，若合符節，豈欺吾哉！

其二十三

紫泥光射海天東，金餅花團一朵紅；　白玉粉成紅玉粉，千枝萬派盡朝宗。

三寶皆真，萬劫希有。

其二十四

初子無過鉛養砂，金郎姹女度韶華；離宮養出還求兑，八子繩繩繼脱芽。

初子之砂，務求攢簇。先投坎地，令感先天；次入離宮，以沾真火。庶母凡接三乳，初子始克成形，從此互相生育。八子繩繩，率皆權輿於此。

西江月二十八首

其一

經典深藏奥妙，研窮切莫糊塗。頑窮雜類費工夫，起手分明勿誤。太上理推順逆，其間數合河圖。儂今依本畫葫蘆，敢道無師自悟？

其二

且説丹中奥旨，原從月裏生來。先將木火叩門開，始得撐金出海。顛倒坎離是的，拘囚魂魄奇哉。日紅月白莫胡猜，不是池中景態。

其三

我說明明升降，今人往往驚疑。龍吟虎嘯有天機，道理不難不易。榴子馬牙再鼓，銅臺龍羽重施。如斯珍重以文爲，五日浮沉可試。

其四

八兩猶然帶癸，後天更要分爻。西鄰少女態嬌嬈，權喚消陰物料。池有陰陽禪代，火分生庫盈消。同宮金水暮和朝，鍊得鉛真最妙。

其五

借問龍弦是甚，原來不是砂皮。薰煙留殼總皆非，一似兒童作戲。木向霜中化汁，晥居鼎底爲衣。一斤隱得不多兒，此是先賢的記。

其六

識得藥材可配，誰知火候尤難。調停還辨燠和寒，曉夜周流細看。水把火光潑滅，火將水氣熬乾。兩弦真氣總靈丹，一味枯焦到岸。

其七

庶母假名真母，大丹休比神丹。不須混作一途看，度數勞君再算。以石點成恰易，將人服食終難。個中辨別有機關，莫把仙經錯看。

其八

一個五行順逆，何堪舉世癡迷。人人尋草及燒砒，苦向丹門覓利。黑汞爲金最的，紅鉛是土休疑。誰分上下與高低，只論龍弦虎炁。

其九

再說枯鉛二字，分明去癸奇功。勿將枯字看朦朧，便去鍋中胡弄。首尾翻騰有訣，循環度數相同。存些陰質總成空，不顯神仙妙用。

其十

我向名場退轉，因將玄理搜求。脚根無線四方遊，凍雨凄風忍受。苦海蒙師指點，迷津忽地回頭。如今貧苦豈須憂，且待機緣輻輳。

其十一

我勸玄門有志，求丹明理爲先。凡鉛凡母鍊徒然，那得牟尼出現。採處須尋一氣，流來要覓雙弦。盲師不信有真傳，枉自遭他欺騙。

其十二

本是西家少女，強將庶母呼名。消陰乳哺鍊陽神，三着般般喫緊。神室黃轝更貴，大丹紅餅非輕。不經水火總難成，今古誰人醉醒。

其十三

自是提燈起火，誰知轉輻藏珠。從前迷悶是儂愚，忘却未生身處。撞出金生坎户，尋來火長離軀。將他扯拽一房居，指日丹成可據。

其十四

戊己雖然合抱，刀圭必是分張。期經九鼎底須忙，辨去辨留爲上。宗祖囂塵古語，兒孫還繼書香。中間妙理自參詳，勿看他人式樣。

其十五

丹是一般訣法，池分四個陰陽。立名隨意本無常，道理幾曾兩樣。陰鍊陽呼却是，陽烹陰號何傷。追魂插骨兩池良，此是丹成後帳。

其十六

莫怪盲師錯教，還憐自己愚蒙。不知誰是虎和龍，便去枯鉛死汞。真假緣由未辨，遭逢歡喜相從。弄來弄去鬼般窮，盡做南柯大夢。

其十七

誰信丹無別巧，求他一個純陽。提來掇去苦搬忙，總是祛陰伎倆。莫說工夫苦楚，寧辭日子悠長。魔君戰退顯靈光，萬斛明珠不尚。

其十八

庶母凡形後質，分明賴火和金。時人不識聖賢心，把去凡鉛裏浸。不辨他家是兑，應知無處求壬。可憐空過好光陰，耗火亡財則甚。

其十九

教外別傳固是，經中藏訣無差。不明神火與金花，何處還他造化。戊本坎宮虎氣，己稱離府龍芽。誰知玄牝本無他，五丈門高並跨。

其二十

笑我自己未度，翻思欲度同心。度人度我兩難尋，鎮日奔忙爲甚。濟世須憑功行，還丹不在山林。十年共濟少知音，空向鹽車淚沁。

其二十一

我願人人成道，採來句句真詮。請君早識後先天，一切陰陽要辨。虎氣假名黑汞，龍弦綽號紅鉛。兩家顛倒結姻緣，養鍊又還養鍊。

其二十二

火候難明是的，鍊鉛要識周天。些兒欠缺豈周全，壬癸庚辛莫辨。鍊出仙池玉粉，方名虎氣初弦。翻騰若個悟真詮，便是神仙出現。

其二十三

汞本水形木質，非金非火難乾。天晥一味是靈丹，金火相須變換。　實死真晥既得，明乾濕汞何難。因知雜類總無干，莫信迷徒誑誕。

其二十四

固是丹頭一味，靈晥去伏生晥。仍前養鍊氣方休，數要相停新舊。　神火灰塵再煅，玉田金穀常收。許多孫子拜千秋，石爛山枯不朽。

其二十五

黑裏先明子母，紅中好別雌雄。等閒伏虎與降龍，露出玄機妙用。　慢說有無巧妙，都來水火根宗。懷胎未識慎無慵，下手要尋真種。

其二十六

精氣與神上藥，三元三品非誣。鍊來化去却歸無，內外誰分兩務。　法象坎男離女，天機陽火陰符。早尋同類做工夫，莫走旁門岔路。

其二十七

窮究用鉛不用，原來是說凡鉛。片時交姤採先天，只用凡鉛一遍。　及至翻騰去癸，却無渣質相牽。真鉛到底豈終捐，代代兒孫要見。

其二十八

一切宰官居士，兼他優塞優姨。比邱亦有比邱尼，大道人人可識。　火裏開蓮最確，丹成點石何疑。儂今特地洩天機，施與上根上器。

黃鶯兒七首以按七返

其一　題水中金

說在坎中心，黑茫茫海樣深。可堪覿面難相認，點着火去尋，淬着水一沉，片時誰想成胎孕。好奇珍，半斤一餅，喚做水中金。

其二　題白銀

果是礦鉛生，認爲鄰少女名。吞鉛先取他爲鼎，與前弦數平，歷諸宮體成，通靈母氣非凡品。價難輕，後天庶母，一樣强呼名。

其三　題天晥

何物是晥珠，在南園上下居。玉池煖閣招他住，恰一兩三銖，會雙弦不殊，渾交體破何足慮。合丹書，儂今得訣，不受世人愚。

其四　題虛無

若個見虛無，在凡形裏面居。誰人尋到虛無處，笑蒸氣大愚，陋薰煙太迂，先天浪說無憑據。莫躊躇，無從有見，究竟總還虛。

其五　題八卦

顛倒要敲爻，隔河圖數不遥。逆來順去人難料，震與兑並着，坎合離接交，三男三女乾坤妙。有根苗，參詳理奥，盡向易中消。

其六　題五行

此理最難明，豈人間順五行。玄玄消息渾無定，金交木有情，火逢金反成，水因土尅方堅命。更堪驚，怕生愛死，死去得長生。

其七　題四象

四象好開陳，是青龍朱雀真。玄武白虎依宮認，況外象要論，比內神更親，銀鉛砂汞分明定。究緣因，全憑藉土，□□本來身。

曲十調

新水令

自歎十年辛苦意如何？為金丹，把鐵鞋兒穿破。神洲應有路，弱水任興波。志豈消磨？志豈消磨？論信受，無人如我。

步步嬌

天機一着先參破，丹頭味不多，只有金和火。交姤知麼？女求男，機活潑。想起從前白日夢南柯，千魔萬難都經過。

折桂令

到今日，拍手笑呵呵。始信砂池種出炎荷，金龍飛去□□河。西鄰少娥，北地親婆，兩翻騰來往如梭，都幹着那些生活。却大家努力驅魔，涓滴兒不容退躲。

江兒水

玉粉如霜瑩，黃鬐映日皤。迫忙裏又去尋神火，騰騰朱雀方登座，嬌嬌青龍再出窩。弦氣當合，從此刀圭結着。

雁兒落

向房幃，夫與婦，兩諧和。看寒煖，暮和朝，勤索摸。不放□，□髓留。直等到陽華足，又誰知限滿不須他。請金公，離寶座，留己土，作黃婆，紅綾餅，再摩挲。知波？真一味世外希奇貨。休波？笑凡夫錯認輕狂做。

僥僥令

分明點化神仙祿，萬派千枝接着。遐齡萬劫未爲多，任龍天齊讚賀。任龍天齊讚賀！

收江南

呀！猛回頭，紅淚滴漱漱，恨半世自懡㦬。最無端，睜開雙眼跳黄河。從前恩愛皆枷鎖，趁及早逍遥掙脱。又誰肯束手待閻羅？

園林好

把□□拜乞彌陀，把慧心鍊出太阿。受太上金門衣鉢，管傍人信也麽哥。

沽美酒

念同心，受困疴；急修持，濟窮獨。嗟余孽債舊偏多。雖則是舊偏多，積功行，消除過。幾時得世界成金粟？點金銀凡磁瓦礫，化酥酪溪澗長河。我呵！從此靈田種禾，玄府登科，那裏管會龍沙剛剛八百個。

餘韵

丹□□□心無頗，妙理消詳自不訛，普願人人成正果。

跋

琴火重光一書，言外丹黄白之術也。黄白不外真鉛真汞。真鉛爲地魄，爲月華，沉潛北海，聖人以日精升魄而不使下墜，不然安能赫火紅飛白雪乎？真汞爲天魂，爲日精，性最炎上，聖人以月華擒魂而不使飛揚，不然安能摧折羽毛頭與脚乎？而魂魄之變化，即火符之變化也。蓋坎中之奇爻，便是陽火；離中之偶爻，便是陰符。坎離中之火符，即爲至藥。此内外合一之道也。不明此旨，雖日讀是書，亦如村夫之聆雅樂，盲人之對青燈耳。留心玄學者，其以余言爲然耶？

玉峯山人陽春子跋

附錄：序跋四篇

黃白直指序

直指何爲而作？懼黃白之失其傳而作也。蓋自許、葛、鍾、呂等輩紛紛迭出，仙仙相承，而黃白之傳有自來矣。迄今千年，玄風寖息，丹道湮微，後學茫茫，百無一就。今作爲直指，以鼎器、藥物、配合、火候四者，本末始終，直言直引，撰起貧讚，以總其綱。次步敲爻歌五首，以列其目，庶開黃白之迷途，謹救後學之風弊。故名黃白直指云。

成化丁丑夏四月甲寅福建陳自得序　**原鈔本註**「丁丑」一作「丁酉」。

攖寧按　明憲宗成化年間，無丁丑年，若作丁酉年，亦不合。蓋丁酉乃成化十三年，而竹泉翁作此序時，當在作鉛汞奧旨序以前。考鉛汞奧旨一書，本是繼黃白直指而作，以補其未盡之意。奧旨序既作於成化六年之庚寅，則直指序或是作於成化三年之丁亥，較爲近似。

黄白直指跋

陳君竹泉與吾爲中表親，好神仙術，財產費盡而不悔，人皆譏笑。予獨佩其誠，每資助之。彼幸而一旦頓悟真詮，得臻至道，撰此授予，蓋不忘昔日之意也。顧予淺薄之夫，何足以知此？然既承君惠，稍試，果驗。因思鉛汞二物，本於坎離，生出震兑，坎離則又皆居坤土，遂不揣固陋，以此五卦畫之於首，各讚八句於下，庶幾於丹道少補萬一云。

興化汪誠好真氏跋

攖寧按 神仙學術，自古以來，常招庸俗之毁謗，已爲公例。陳君鍊丹無成，受人譏笑，本不足怪，所可怪者，則在汪好真君之特垂青眼，不以成敗論英雄，結果居然厚食其報。求之今日，非但竹泉翁如鳳毛麟角，即汪好真其人者，又安能數覯哉？

黄白直指跋第二

余少慕丹道，迄不能成，放浪江湖，冀遇明師，引登覺路，乃得與汪君好真友善。久之，始克覯其秘藏，大率真僞混淆，瑜瑕相半，深爲惋惜。惟陳竹泉先生所著黄白直指一書，其間言丹道之難，與藥物、配合、火候之旨，以及分胎接制、布列四象、攢簇五行，靡不畢具，誠修玄之要旨，而至道之真傳也。捧讀再三，不忍釋手，因忘其譾劣，敢薦蕪詞，用列汪君之左。雖珠玉在前，不無形穢，而高山仰止，亦聊寫我心耳。

毗陵董中守一氏識

攖寧按 董守一氏雖自言所學無成，尚賴尋師訪友，然能辨真僞，識瑜瑕，其眼力畢竟不凡。余常見世人讀外丹書不終篇早已昏昏欲睡，或廢書而歎；或怨詈作書者故弄狡獪，愚弄後學；或批評作書者自私自利，不肯公開；或者直斥爲迷信而非科學。凡此種種態度，皆於丹道無緣，求一似董君所云捧讀再三不忍釋手者，殆罕有其人。甚矣！仙風之寥落也。

鉛汞奧旨序

予早年讀書，粗知禮義。及長，篤好玄門，罔知至道。遍訪明師，廣求高士，歷經數載，未見一人。進道無方，退而有憾，於是獨取諸祖丹經，列仙書傳，朝夕玩味，歲月窮研，誠格皇天默佑，神明鑒衷，一旦豁然頓悟，乃知是理不假外求，實在陰陽五行之內、天地造化之中。然而理固契之於心，事未經之於手，况夫時至窮冬，命逢拙運，乏財爲助，抱道難行。千慮萬思，無策可圖，遂鬻田一段，得銀數錠。試之有得，屢爲屢驗。感造化之非常，不敢私於一己，志欲普度後世，乃作歌賦數篇，詩詞百首。尚未盡詳，誠恐有誤將來，故復作是書。鼎中配合，火候工夫，細具條陳，不辭輕洩之罪，甘獲慢露之愆。寄語同道，勿侈勿隱，於是乎書。

明成化庚寅仲春福建陳竹泉自得序

攖寧按　玉峯山人序謂竹泉先生於癸酉歲邂逅外丹之事，則是到庚寅歲，首尾已十八年矣。歷盡千辛萬苦，一旦豁然頓悟，得遂初衷，其堅忍不拔之精神，直駕乎歐美各國大科學發明家以上。蓋吾國學者處境之劣，乃百倍於歐美也。我輩今日且然，況遠在四百七十年前頑固而兼保守之社會乎？

或疑：「既云豁然頓悟，其術當非師授，而爲自己所發明者。」但琴火重光有云：「敢道無師自悟？」又云：「苦海蒙師指點，迷津忽地回頭。」又云：「盲師不信有真傳，枉自遭他欺騙。」又云：「莫怪盲師錯教，還憐自己愚蒙。」據以上詞句推之，明師盲師，皆大有人在，況玉峯序中引證辛酉年遇至人親傳口訣句，更可無疑。

民國三十九年（一九四〇年）上海丹道刻經會初版

陳攖寧 著

外丹服食成仙考證

雲笈七籤第一百卷軒轅本紀云：「黃帝採首山之銅，鑄九鼎於荊山之下，鍊九鼎丹服之。逮至鍊丹成後，以法傳於玄子。此道至重，盟以誡之。」

雲笈七籤，宋朝張君房所編輯，共一百二十卷。

藝文類聚靈異部引漢劉向列仙傳云：「淮南王劉安，言神仙黃白之事，名爲鴻寶萬畢，三卷，論變化之道。於是八公乃詣王授丹經及三十六水方。俗傳安之仙去，餘藥在庭中，雞犬舐之，皆得飛昇。」

藝文類聚，唐朝歐陽詢等奉敕撰，共一百卷。

神仙傳云：「魏伯陽者，吳人也，與弟子三人入山作神丹。丹成，知弟子心懷未盡即尚有塵俗之念，乃試之曰：『丹雖成，宜先與犬試服之。犬飛，然後人可服；若犬死，即不可服。』乃與犬食之，犬即死。伯陽謂弟子曰：『作丹唯恐不成，今既成，而犬食之死，爲之奈何？』弟子曰：『先生當服之否？』伯陽曰：『吾輩違世路，委家入山，不得道，亦耻還家，不論死生，吾當服之。』遂服丹。入口即死。弟子顧視相謂曰：『作丹所以求長生，服之即死，奈何？』獨一弟子曰：『吾師非常人也，服此而死，得無有意耶？言故意如此。』因乃取丹服之。亦死。餘二弟子相謂曰：『服丹所以求長生，服之既死，焉用此爲？不服此藥，尚可得數十歲在世間也。』遂不服，乃共出山，欲爲伯陽及死弟子求棺木。二弟子去後，伯陽即起，將所服丹納死弟子及犬口中，皆起，遂皆仙去。道逢入山伐木人，乃作手書，寄謝二弟子，弟子乃始懊恨。伯陽作參同契五行相類凡三卷，其說如解釋周易，其實乃借爻象以論作丹之意。而世之儒者不知神丹之事，多作陰陽註之，失其旨矣。」

神仙傳，晉朝抱朴子葛洪所作。魏伯陽乃後漢人，晉朝距漢朝不遠，其言當可信。魏伯陽原籍浙江省上虞。

神仙傳劉根傳云：「神人謂劉根曰：『汝今髓不滿，血不煖，氣少，腦減，筋息，肉沮，故服藥不得其力。若欲長生，且先治病十二年，乃可服仙藥。』夫仙道有昇天躡雲者，有遊行五嶽者，有服食不死者，有尸解而去者。凡修仙道，要在服藥。藥有上下，仙有數品。不知房中之事及行氣導引並神藥者，亦不能得仙。藥之上者，有九轉還丹、太乙金液，服之皆立登天；其次有雲母、雄黃之屬，雖不能乘雲駕龍，亦可役使鬼神，變化長生；其次草木諸藥，能治百病，補虛駐顏，斷穀益氣，但不能使人不死，上可數百歲，下即全其所稟而已。」

按　道書及古醫書中，常有服雲母之法。雲母，今人名爲「千層紙」；雄黃，在醫書上只作解毒之用，未言可以常服，然雄精可以轉女胎爲男胎，亦值得注意。

神仙傳：「馬明生遇神仙，受太陽神丹經三卷，入山合藥服之，不樂昇天，但服半劑爲地仙，恒居人間。不過三年，輒易其處，時人不知其仙也。」

神仙傳陰長生傳云：「陰長生師事馬明生，得太乙神丹經，入青城山合丹，服半劑，不即昇天，乃大作黃金十數萬斤，以惠天下貧乏。一門之人皆壽而不老，在民間三百餘年。」

按　陰長生即魏伯陽之師，馬明生即陰長生之師，馬、陰二人皆漢朝人。馬、陰二位，皆以外丹成道，故不敢說魏伯陽只懂人元，不懂外丹。所以各家註解參同契，恐不盡合魏君之本旨。

呂祖本傳云：「鍾離真人以神丹數粒相示曰：『此非世間五金八石，乃是異寶合成，有質無形，如雲如火，如光如影，可見而不可執，服之與人魂魄合爲一體，輕虛微妙，非有形之丹可比。子他日功成，亦須鍊此隨身，乃能點枯骨，度有緣，超不識字之羣生，拔塵海中之九族也。』」

按　此說神丹之狀，頗似今之Radium，大約古代實有此物，然其來源則是從丹鼎神室之中變化出來的，不是像現代由礦物中分析出來的，故其功能勝過鐳錠耳。

宋朝人張紫陽浮黎鼻祖金藥秘訣序一篇，言神丹之理最詳。

許真君石函記亦是天元一派，但此書後人看不懂。

按　許真君，晉朝人，名許遜，做過旌陽縣官，晉武帝太康二年即西歷二八一年於南昌西山全家四十二口拔宅飛昇。

明初人張三丰，亦鍊天元，而無書傳世。雖有一兩種，乃是講點金術，不是服食。

抱朴子內篇雖注重外丹，但其方法是不靈的。其靈驗的秘密不傳。

按　抱朴子葛洪，字稚川，晉朝人，年代稍後於許真君。葛洪之師鄭思遠，思遠之師葛孝先，孝先之師左元放即三國時之左慈。

自張三丰真人以後，鍊天元服食者已無其人，鍊黃白點金術者，尚未絕傳，皆嚴守誡律，不肯對人言。蓋以爲言之犯天譴也。

中國古代，講道談玄者，以老子爲祖；修仙鍊丹者，以黃帝爲祖。世人並稱爲「黃老之學」。其實此兩派宗旨不能相同。蓋學道者，要清淨無爲；學僊者，要有作有爲。兩派各走極端，遂不免彼此互相毀謗，以致後之學者竟不知誰是誰非。故余不得而已，將成道與成仙分爲兩路，方免是非之爭。如靈源大道歌朱序所云，乃仙道革命之學也。

陳攖寧手寫本，原文無標題，標題係蒲團子所加